讀修理
독 수 리

讀修理 클라우드 리딩 (입문편)

초판 1쇄 발행 2017년 3월 25일

지은이 독수리 5형제(이대성·이계선·박경숙·정종영·김윤해)
펴낸이 장길수
펴낸곳 지식과감성#
출판등록 제2012-000081호

디자인 이현
편집 이다래, 최예슬
교정 정혜나
마케팅 고은빛, 윤석영

주소 서울시 금천구 가산동 60-5 갑을그레이트밸리 B동 507호
전화 070-4651-3730~4
팩스 070-4325-7006
이메일 ksbookup@naver.com
홈페이지 www.knsbookup.com

ISBN 979-11-5961-535-1(03190)
값 14,500원

ⓒ 독수리 5형제 2017 Printed in Korea

잘못된 책은 구입하신 곳에서 바꾸어 드립니다.
이 책의 전부 또는 일부 내용을 재사용하려면 사전에 저작권자와 펴낸곳의 동의를 받아야 합니다.

이 도서의 국립중앙도서관 출판예정도서목록(CIP)은 서지정보유통지원시스템
홈페이지(http://seoji.nl.go.kr)와 국가자료공동목록시스템(http://www.nl.go.kr/kolisnet)에서
이용하실 수 있습니다. (CIP제어번호 : CIP2017006584)

홈페이지 바로가기

이글 콘텐츠성공학 총서 ❶

책을 읽고, 갈고닦아, 이치를 깨닫는다

讀修理
독 수 리

독수리 5형제가 만든
최강 독서법!!!

클라우드 리딩 입문편

독수리 5형제 지음

예쯕

이 책의 목차

프롤로그 / 8

Part 1. 시작하며 : 讀讀 수修 리理 / 11

1. 독서법의 중요성 / 12
- 시카고 플랜(Chicago plan) • 부자가 된 독서광 • 21세기 한국인

2. 독서의 필요성 / 19
- 간접 경험을 통한 인격 성숙 • 소통과 배려를 통한 인성함양 • 성공을 돕는 열쇠
- 창조의 원천 • 즐거움을 통한 휴식

3. 독서법의 현 실태 / 25
- 학습을 위한 또 다른 훈련 • 솔깃한 유혹의 독서법

4. 클라우드 리딩 / 30
- 클라우드 리딩 개발자 : 독수리 5형제 • 하늘의 왕자가 되기 위한 독수리의 노력

5. 다시 태어난 독수리 5형제 / 35
- 클라우드 리딩의 탄생 • 讀修理 五兄弟의 비밀병기 – 클라우드 리딩 • 클라우드 리딩의 특징

6. 클라우드 컴퓨팅 vs 클라우드 리딩 / 41
- 클라우드 리딩의 탄생 • 클라우드 컴퓨팅의 개념 • IT와 인문의 융합 • 클라우드 컴퓨팅 • 클라우드 컴퓨팅 vs 클라우드 리딩 • 클라우드 컴퓨팅에서 차용한 개념 정리 • 스스로 만드는 독서법 :〈클라우드 리딩〉 • 클라우드 리딩의 기본 패턴 – 4단계

Part 2. 독讀 : 독서에 재미 들이기 / 53

1. 들어가기 / 54
- 독讀 • 책 읽기의 즐거움

2. 목표 / 57
- 북리스트

3. 습관이 왜 중요한가? / 60
- 작심삼일을 계속 반복하라고? ● 독서를 습관으로 만들기 위한 전략 4가지

4. 책 읽기 좋은 환경 만들기 / 65
- 넓은 책상 ● 잡지 책꽂이 ● 편안한 의자 ● 최적의 조명

5. 매월 2권 독서 / 68
- 자신의 책 읽기 속도 알기

6. 집중력 높이는 독서 방법 / 73
- 집중력 향상 독서 ● 집중과 휴식의 상관관계 ● 준비 운동 후 독서 시작하기

7. 책 읽기도 과속은 금물! / 79
- 속독의 유혹 ● 'view(보다)'와 'read(읽다)'의 차이

8. 빨간 펜 독서 / 83
- 책을 내 것으로 만드는 방법

🔖 책 읽기 팁 – 새 책이라 자꾸 넘어가요.

9. 어떤 책을 읽어야 하는가? / 88
- 자신이 읽었던 책 기억해보기 ● 자신이 읽었던 분야 확인하기

10. 수준에 맞는 책 / 93
- 입문단계 : 독(讀) 단계에서 읽어야 할 책 ● 셀픽션 ● 장편동화 ● 수필 ● 시

11. 책을 편식하지 마라 / 100
- 서점 기웃거리기

12. 정리의 기술 – 독수리 노트 ver 1.0 / 103
- 융합의 시대 ● 독서 정보의 수집 – 독수리 노트 ver 1.0

13. 독수리 노트의 효과 / 108
- 기억력의 유통기한 ● 이글바인더

14. 독서 모임 기웃 거리기 / 111
- 독서 토론 ● 독수리 노트의 활용 ● 독서 토론이 주는 선한 영향력

15. SNS 글쓰기 / 115
• 책에 대한 글을 SNS에 올리자 • SNS 글쓰기 방법과 효과
📕 책 읽기 팁 – 책 주인을 알리다. 장서인(藏書印)

Part 3. 수修 : 관심 분야 찾기 / 123

1. 들어가기 / 124
• 관심 분야 찾기 • 독서의 목표 설정 • 독서는 최고의 안전 투자이다 • 목표 설정의 기준

2. 평생 현역으로 살아남기 / 130
• 직업 선택의 기준 • 독수리 5형제로 살고 싶은가? • 10년 공부 계획
• 물은 99도에서 끓지 않는다

3. 평생 독서 계획 세우기 / 136
• 한 달 목표 정하기 • 목표 실천을 위한 구체적 방법 – 시간을 확보하라 • 관심 분야 설정하기 • 평생 독서 계획서 작성하기

4. 드림보드 만들기 / 145
• 이루어 진 것처럼 상상하라! • 꿈을 꾸는 방법 • 드림보드 만들기

5. 1시간 독서 / 151
• 1시간 독서 • 자투리 독서

6.. TV 없애기 / 155
• 거실을 서재로 만들자 • TV 시청 시간 〉 국어 수업 시간

7. 백색소음 / 159
• 백색소음 • 기억력을 향상시키는 또 다른 기술
📕 책 읽기 팁 – 책과 이글바인더를 동시에 갖고 다니는 게 힘들어요!

8. 태극 인덱스 독서 / 163
• 업그레이드 빨간 펜 독서 • 메모가 왜 중요한가? • 태극 인덱스 독서

- 태극 인덱스 붙이는 법 ● 태극 인덱스 활용

9. 다른 분야 맛보기 / 168
- 개론서 ● 소설 ● 자기계발서

10. 책 고르기 / 174
- 서점에서 책 고르는 방법 ● 영역의 확장 ● 도서관 사용법

11. 지식의 분류 / 179
- 조금 달라진 독수리 노트 ver 1.2

12. 분류의 신기술 – 먹잇감 노트 / 183
- 먹잇감 노트 ● 먹잇감 노트 = 지식 데이터베이스

13. 북멘토를 찾아라! / 188
- 북멘토 ● 진짜 고수를 찾아라

14. 원고지 10매 쓰기 / 190
- 말은 잘하는데……, 읽기는 잘하는데…… ● 읽기, 쓰기, 말하기, 듣기는 하나이다.
- 3분 스피치가 왜 중요한가?

15. 3분 스피치의 설계도 / 195
- 분석·정리의 도구 – 마인드맵 ● 마인드맵 작성 방법 ● 마인드맵으로 설계도 그려보기 ● 독수리 노트 → 이글맵(≒마인드맵)

16. 논리적으로 말하는 기법 / 203
- 3분 스피치노트 만들기 ● 3분 스피치노트의 활용: 말하기 기술 – 도입 ● 3분 스피치노트의 활용: 말하기 기술 – 전개(본론) ● 3분 스피치노트의 활용: 말하기 기술 – 마무리

입문과정을 마치며 / 213
과정안내 / 217
클라우드 리딩 라이브러리 맛보기 / 219

프롤로그

　악당 알렉터가 물러가고 지구에 평화가 찾아왔다. 평화로운 지구! 독수리 5형제가 할 일은 아무것도 없었다. 독수리 5형제는 우주 평화를 위해 안드로메다로 떠났다.
　독수리 5형제가 떠나고 30년이 흘렀다. 지구에서 이상한 조짐을 발견했다.

　열정페이, 이태백, 삼팔선, 사오정, 오륙도…….

　한류 문화의 중심인 한반도에서 큰일이 벌어졌다. 그렇다고 몇백 광년 떨어진 곳에 있는 독수리 5형제를 다시 지구로 소환할 수 없었다. 할 수 없이 새로운 讀修理를 뽑아 새로운 임무를 부여했다. 새롭게 뽑은 대한민국의 독수리 5형제는 모두 총명했고, 이것에 대한 해결책으로 '독서'를 제시했다. 독수리 5형제는 허둥지둥 바쁘게 살아가는 현대인을 위해 꿈을 찾고, 실현할 수 있는 최적의 방법을 독서를 통해 풀어냈다. 처음에는 뜬구름 같은 얘기처럼 들린다고 해서 '꿈을 잡게 해 주는 구름 독서', 영어로 '클라우드 리딩(Cloud Reading)'이라고 명명했지만, 요즘 트렌드가 '클라우드'라는 것을 보면서 讀修理 5형제의 감각과 판단이 남다르다는 것을 느낄 수 있었다.
　어느 정도 만들고 보니, 세상에 알리는 것도 시급했다. 그래서 핵심 내용만 간추려 매일신문 교육면에 〈독수리 5형제와 함께 읽go 쓰go〉라는 제목으로 연재를 시작했다. 결국, 10개월이 흘러 독수리 5형제는 임무를 완성했다.

　이 책에는 대한민국 독서 문화를 지키겠다는 독수리 5형제의 간절한 열망이 담겨있다. 독자는 이 책을 통해 독서의 중요성을 인식하고, 재미와 습관을 만들 수 있다. 특히, 독서에서 소홀하기 쉬운 쓰기 영역까지 다룸으로써 이 책을 읽는 독자는 '3분 스피치'와 '원고지 10매 쓰기'까지 익힐 수 있다. 다음에 나올 '전문가 편'에는 지식 데이터베이스를 관리할 수 있는 고급 독서 기법을 다룬다. 이것을 통해 자기 분야의 전문가가 되고, 저자도 될 수 있다. 이 정도면 열정페이, 이태백, 삼팔선, 사오정, 오륙도 정도는 가볍게 물리칠 수 있을 것이다.

마지막으로 지구의 평화를 위해 노력한 숨은 일꾼들에게 노고를 치하한다.

독수리 1호의 아내 황정순, 그녀는 40세 직업군인을 사랑의 힘으로 변화시켜 독수리 임무를 잘할 수 있도록 완벽하게 내조했다. 뽀삐와 해피에게도 감사의 인사를 전한다.

독수리 2호 아내인 한혜진에게 감사 인사를 전한다. 또한, 대한민국의 모범 핵심 어린이인 현빈, 현성, 다현에게 "지구별에서 안 삐지고 잘 놀아줘서 고맙다"는 말을 남긴다.

든든한 후원자 독수리 3호 남편 이승우에게 특별 감사를 드린다. 특히, 두 아들 동진, 동민은 독수리 5형제를 많이 응원해줘서 고맙게 생각한다.

독수리 4호의 아내 권정남에게 감사를 드린다. 중학생이 된 유진은 박물관 학예사 꿈을 꼭 이루고, 예쁜 가온이도 피아니스트가 되길 바란다.

항상 "수고했어!"라며 칭찬해 주는 독수리 5호의 남편 정재식과 독수리 5형제 열혈 응원단인 지민, 다민에게 고맙다는 인사를 남긴다.

2017. 3월
지구 평화를 위해, 대한민국 독서 문화를 위해
독수리 5형제 지구방위사령관 **우종익**

1. 독서법의 중요성
2. 독서의 필요성
3. 독서법의 현 실태
4. 클라우드 리딩
5. 다시 태어난 독수리 5형제
6. 클라우드 컴퓨팅 vs 클라우드 리딩

Part 1

시작하며 :
독讀 수修 리理

1
독서법의 중요성

"콩 심은 데 콩 나고, 팥 심은 데 팥 난다."는 속담처럼 공부든, 사업이든 투자한 만큼 결과가 나오는 것이 세상 이치이다. 우리는 예전부터 교육에 많은 투자를 했고, 이런 교육열로 인해 우리 사회는 아주 짧은 시간에 고도성장을 이뤄냈다.

교육을 말할 때 항상 붙어 다니는 것이 있다. 바로 책과 독서이다. 우리는 교육을 통해 상급학교에 진학하고, 원하는 직업을 가질 수 있다. 게다가 자기의 분야를 개척하기 위해 평생 공부를 선택하기도 한다. 이런 점을 볼 때, 독서는 개인의 성장에 밀접하게 연관되어 있으며 나아가 국가와 사회 발전의 원동력으로써 충분한 역할을 한다.

독서를 통해 개인과 사회가 변화된 사례는 다양한 매체를 통해 자주 접할 수 있다. 독서를 통해 평범한 대학이 세계 최고의 명문대학으로 거듭났고, 평범했던 사람이 독서를 통해 세계 최고의 거부가 되었다.

✓ 시카고 플랜(Chicago plan)

100년 전 시카고 대학은 지금만큼 유명하지 않았다. 하지만 오늘날의 시카고 대학은 미국의 정치·경제를 이끌어가는 주축이자 '세계 최고'라는 수식어가 따라다닌다. 게다가 노벨상 수상자만 해도 80명[1]이 넘는다.

시카고 대학의 이런 성장과 변화의 원동력은 바로 독서였다.

1929년 제5대 총장으로 취임한 로버트 허친스는 '시카고 플랜'이란 프로그램을 도입했다. 존 스튜어트 밀 독서법을 바탕으로 고전·인문·철학 등 세계의 위대한 고전을 달달 외울 정도로 읽어야 졸업할 수 있도록 만들었다. 어떻게 보면 '고전 읽기'에 불과한 단순한 프로그램 하나가 평범한 대학을 세계 최고의 명문대학으로 바꾸어 놓은 셈이었다. 지금도 시카고 대학은 이 프로그램을 시행한다.

이 프로그램은 〈생각을 넓혀주는 독서법〉으로 유명한 모티어 애들러와 반도랜이 만들었다. 실제 이 프로그램의 운영 방법은 그렇게 복잡하지 않다. 학생들은 존 스튜어트 밀의 독특한 독서법으로 인류의 위대한 지적 유산인 철학 고전을 비롯해 각 분야의 고전 100권[2]을 읽었다. 몇 년 후, 시카고 대학에 놀라운 일이 벌어졌다. 평범한 학생들의 두뇌가 '천재의 두뇌'로 바뀌었기 때문이다. 물론 조금 과장된 말일 수도 있다. 하지만, 이 프로그램은 특정 직업이나 기술을 목적으로 한 교육이 아닌 사고력을 길러주고, 사물에 대한 분석 및 판단력을 키워주고, 정신의 힘을 강조하는 교육이었다. 이로 인해 학생들이 달라졌고, 결국 학교의 위상도 달라진 것이다.

※ 서양 세계의 위대한 책 목록 : http://www.paideia.or.kr/book/book.html

---

1 2014년까지 89명을 배출했다.
2 '서양 세계의 위대한 책' 또는 '그레이트북'으로 지칭한다.

※ 시카고 플랜에 사용된 존 스튜어트 밀 독서법
1. 먼저 저자에 관해 쉽게 설명한 책을 읽는다.
2. 책을 통독한다. 이해가 잘되지 않더라도 그냥 읽는다. 소리 내어 읽으면 더욱 좋다.
3. 정독한다. 이해가 되지 않는 부분을 만나면, 어느 정도 이해가 가능할 때까지 몇 번이고 되풀이해서 읽는다. 특히, 이해가 잘되지 않는 부분은 크게 소리 내어 읽는다.
4. 노트에 중요 구문 위주로 필사하면서 통독한다. 필사는 철학 고전 독서의 핵심이다. 필사를 통해 저자의 사고 능력을 조금이나마 자신의 것으로 만들 수 있기 때문이다. 게다가 필사를 하게 되면 정독할 때 이해하지 못했던 내용도 순식간에 파악할 수 있다.

미국에 있는 세인트존스 칼리지도 이와 유사한 프로그램을 진행한다. 전공도 없이 책을 읽고 토론하는 것이 4년 커리큘럼 전부이다. 세인트존스 칼리지는 뉴욕타임스 선정 '미국 최고의 학사 과정'으로 선정되었다.

✔ 부자가 된 독서광

빌 게이츠와 워런 버핏의 분야는 다르지만, 둘 모두는 세계 최고의 부자라는 타이틀을 가졌다. 게다가 열렬한 독서광이라는 공통점도 있다.

빌 게이츠는 "오늘의 나를 있게 한 것은 우리 마을 도서관이었다. 하버드 졸업장보다 소중한 것이 책을 읽는 습관이다."라며 독서의 중요성을 강조했다. 빌 게이츠는 지금도 평일엔 1시간, 주말엔 3시간을 독서에 투자한다.

워런 버핏은 16살 때, 이미 사업 관련 서적을 수백 권이나 독파한 지독한 독서광이었다. 그의 부인은 워런 버핏의 독서습관을 아주 짧은 말로 설명했다.

"100W 전구와 책만 있으면 가장 행복한 남자."

워런 버핏은 "당신의 인생을 가장 짧은 시간에 가장 위대하게 바꿔줄 방법이 무엇인가? 만약 당신이 독서보다 더 좋은 방법을 알고 있다면 그 방법을 따르기 바란다. 그러나 인류가 현재까지 발견한 방법 가운데서만 찾는다면 당신은 결코 독서보다 더 좋은 방법을 찾을 수 없을 것이다."라는 말로 독서를 예찬했다.

철강왕 카네기 역시 정규교육을 받은 것은 13살까지였지만, 카네기에게 독서는 지식과 지혜의 원천이었다. 동방의 주자라고 불리는 퇴계 이황은 "산을 여행하듯 즐기면서 책을 보라.(독서여유산(讀書如游山))"는 말을 남길 정도로 책을 가까이에서 즐기며 살았다.

예나 지금이나 독서로 성공한 사람은 무수히 많다. 하지만 이들의 삶을 살펴보면, 독서를 해서 성공한 것이지, 성공하기 위해 책을 읽은 것은 아니었다. 그들은 산을 여행하듯 즐기면서 매일 습관처럼 책을 읽었을 뿐이고, 성공은 자연스럽게 뒤따라온 것임을 잊지 말아야 한다.

✔ 21세기 한국인

지금 우리의 현실은 어떠한가?

취업의 필수 스펙, 스펙보다 NCS[3], 얼굴도 스펙······.

---

3 국가직무능력표준(NCS)

진학을 위해, 취업을 위해 우리 젊은이들은 공부가 아닌 수험 전쟁을 치러야 한다. 물론 이것도 '공부'라 말하지만, 엄밀하게 이것을 '공부'라고 하기에는 부족함이 적지 않다.

앞에서 다룬 시카고 대학과 우리의 현실을 비교해본다면 한 편으로 부럽고 다른 한 편으로 화가 치밀어 오른다.

이런 비정상적 임기응변식 공부로 기나긴 인생의 여행을 창의적이고 재미있게, 거기에 의미까지 부여하면서 살아가기란 결코 쉬운 일이 아니다.

취업 전쟁이 끝나면 또 다른 시련이 밀어닥치는 악순환의 연속……. 승진을 위한 재학습, 자격증을 위한 학습……, 우리는 이런 굴레 속에서 21세기 대한민국에서 살아간다.

필자는 이것에 대한 근본적 해결책을 독서에서 찾아보았다.

한국인의 독서율은 OECD 평균에 가깝지만, 연령별로 분석해보면 매우 다른 양상을 보인다. 연령이 어릴수록 높고, 나이가 많아질수록 독서율은 서서히 떨어지다가 45세 이상 구간부터 급격하게 내려간다. 게다가 55세 이상의 독서율은 현격히 떨어진다. 매일 읽거나, 일주일에 몇 번 읽거나, 한 달에 한두 번 읽는 비율, 책을 잡는 비율도 연령대가 높아질수록 감소하는 경향을 보인다. 물론 이 통계에도 참고서, 자격증 학습서 같은 취업 관련 도서가 포함되어 있을 것이다.

(단위 %)

	전혀	몇 달에	한 달에	일주일에	매일	독서율
16~24세	12.60%	22.00%	31.40%	24.70%	9.30%	87.40%
25~34세	14.90%	26.40%	30.90%	19.20%	8.50%	85.10%
35~44세	18.60%	28.20%	26.90%	15.80%	10.50%	81.40%
45~54세	31.20%	22.10%	25.40%	13.80%	7.50%	68.80%
55~65세	49.00%	15.70%	17.00%	12.00%	6.30%	51.00%
55~65세	49.00%	15.70%	17.00%	12.00%	6.30%	51%

자료: 2015년도 해외 주요국의 독서실태 및 독서문화진흥정책 사례 연구 / 문화체육관광부

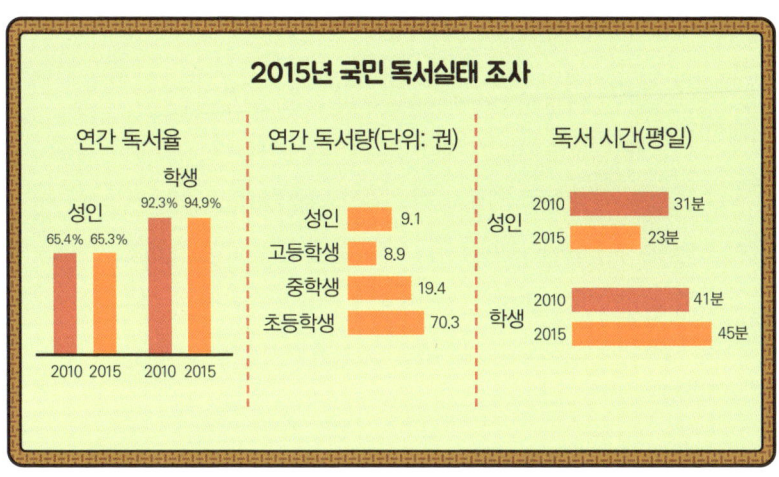

　2011년 한국의 성인 독서량은 연간 9.9권이었지만, 2015년에는 9.1권으로 떨어졌다. 성인의 경우 한 달에 1권도 읽지 않는다는 말이 된다. 다른 나라의 독서량을 살펴보면, 미국 성인은 한 달에 6.6권, 일본은 6.1권을 읽는다. 이런 수치는 대학생도 크게 다르지 않다. 한국 대학생은 연간 16권을 읽지만, 하버드대 학생들은 연간 98권, 옥스퍼드대 학생들은 연간 103권이라고 하니 한숨이 절로 나온다.

　물론, 집계 방식이 우리와 조금 다르다. 우리나라 학생들은 처음부터 끝까지 다 읽은 책만 인정하고, 하버드대나 옥스퍼드대 학생들은 필요한 부분만 골라 읽어도 다 읽은 것으로 포함하기 때문이다. 사정이 이렇다 하더라도 독서량의 차이는 상당하다. 게다가 보는 책도 차이가 있다. 우리나라 학생은 취업을 위한 책을 주로 보지만, 세계 명문대학의 학생은 주로 철학적·창의적 생각의 폭을 넓혀주는 책, 기초 학문을 위한 책 등 다양한 분야를 두루 익힌다.

불교의 능엄경에 "달을 보라 하니 손가락만 보고 있다."는 말이 있다. 달은 보지 않고 손가락만 본다는 뜻인데, 사물의 핵심을 제대로 알지 못함을 일깨워주는 말이다.

지금 당신이 공부하는 이유, 책을 보는 이유를 한번 생각해보자. 혹시, 달이 아닌 손가락 끝만 보면서 허겁지겁 눈앞의 목적만 좇고 있는 것은 아닌지 다시 한번 고민해봐야 할 때이다.

2
독서의 필요성[4]

인간이 글자를 사용한 이후 인류 문명은 빠른 속도로 발전했다. 이제 현대 문명의 이기(利器)는 읽기 영역까지 침범했다. 과거에 독서가 담당했던 역할을 텔레비전, 인터넷, 스마트폰 등의 다양한 전자 매체가 그 자리에 파고들었다. 지금은 전자 매체에 대한 의존도가 점점 높아지는 추세이다. 현대인에게 제공되는 정보의 형태는 아직 텍스트 형태가 주를 이룬다. 게다가 예전보다 텍스트의 질과 양도 훨씬 증가했다. 과거 오천 년 동안 생성된 정보보다 최근 몇 년간 만들어진 것이 더 많다고 한다. 환경은 급속도로 변한다. 텍스트를 이해하는 능력과 기술은 과거보다 더 절실히 필요한 때이다.

✔ 간접 경험을 통한 인격 성숙

살아가면서 세상 모든 것을 직접 경험할 수 없다. 그런 까닭에 차선책으로 책을 선택한다. 책에는 세상의 많은 경험이 담겨 있고, 책을 통해 간접적으로 세상을 경험하고 배울 수 있다.

---
[4] 독서교육론, 독서지도방법론 / 위즈덤북 / (사)한우리독서문화운동본부 교재집필연구회

수필가이자 영문학자인 장영희 서강대 교수는 "독서란 대리 경험이에요. 작중 인물들을 통해서 새로운 세계를 경험하고, 공감하게 되죠. 기동력이 부족한 저에게 독서는 세상과 연결하는 통로였어요. 저의 인간성을 구축해 주었죠."라며 독서가 주는 경험에 대해 강조했다.

장영희 교수는 암 투병을 하다가 이제 고인이 되었지만, 많은 수필을 통해 밝고 열정적인 삶의 자세를 보여주었다. 장 교수의 글을 보면, 불편한 몸이지만 책을 통해 많은 것을 경험했다는 사실을 확인할 수 있다.

✔ 소통과 배려를 통한 인성함양

"같은 책을 읽었다는 것은 사람들 사이를 이어주는 끈을 가졌다는 의미이다."

미국의 시인이자 사상가인 랠프 에머슨이 독서 토론을 두고 한 말이다. 책을 읽고 토론하는 과정을 꾸준히 하다 보면, 질문하고 발표하는 수준이 점점 높아진다. 다른 사람의 의견을 듣고, 이해하고, 비교하면서 의사소통의 근본적 차이를 해결함으로써 소통능력이 개선되기 때문이다. 게다가 토론은 상대편을 배려하고 이해하는 문화를 자연스럽게 만들어 준다. 다른 사람의 생각을 확인하면서 책에 대한 이해는 물론 사물을 보는 관점의 차이, 서로의 공감대, 가치관을 공유하면서 같은 공동체라는 의식을 가지기 때문이다. 21세기는 개방·공유·참여의 시대이다. 이것을 위해 21세기를 살아가는 현대인에게 소통과 배려는 가장 필요한 덕목이 되었다.

8년간의 미국 대통령을 했던 오바마가 퇴임식에서 했던 말이 기억난다. "일들이 순식간에 진행되고 수많은 정보가 전달되는 이때, 책 읽기는 가끔 속도를 늦추어 먼 전망을 그려보는 능력을 주었으며, 다른 사람의 처지에서 생각하게 하는 능력을 선사했다."

미국 대통령 오바마의 리더십이 책에서부터 나왔다는 것을 알 수 있다. 책은 오바마에게 평생 친구였다. 외로웠던 소년기에는 손에 들고 다닐 수 있는 상상의 세계가 친구 역할을 해주었고, 청년기에는 "나 자신은 누구인가? 머리를 맴도는 이 생각들은 무엇인가? 무엇이 중요한 것인가?" 같은 질문에 답하면서 성장했다.

✓ 성공을 돕는 열쇠

우리 삶을 변화시키는 데 영향을 주는 세 가지가 있다. 좋은 사람, 좋은 환경, 좋은 책이다. 그중에서 가장 쉽고 빠르게 실천할 수 있는 것이 바로 독서가 아닐까? 의지만 있다면 책을 통해 생각의 폭과 지식의 영역을 조금이라도 넓힐 수 있기 때문이다. 생각이 달라지면 행동이 바뀌고, 삶이 조금씩 변하는 것은 당연한 결과이다.

"우리는 우리가 읽은 것으로부터 만들어진다."

독일의 극작가이자 소설가인 마르틴 발저(Martin Walser)가 남긴 말이다.

우리는 실생활에서도 "아는 만큼 보인다."라는 말을 자주 한다. 요즘 세상은 모르는 게 약이 아니라 아는 것이 힘이기 때문이다. 이뿐만이 아니다. 독서는 세상을 바꿀 만큼의 막강한 힘도 가졌다.

1909년 노벨화학상을 받은 독일 물리학자 빌헤름 오스트발트 역시 성공한 이들의 공통점은 '긍정적 사고'와 '다독(多讀)'이라는 분석 결과를 내놓았다. 독서를 통해 개개인이 성장하고, 이렇게 성장한 사람들의 숫자가 늘어나면, 이 숫자의 합인 우리 사회도 더불어 성장한다.

인간이 살아가기 위해 음식물을 반드시 먹어야 한다. 그것은 육체의 건강을 위해 필요한 행위이다. 정신도 같은 맥락이다. 정신이 건강해지기 위해서는 영혼을 위한 영양분을 섭취해야 한다. 이것을 위한 가장 좋은 영양분은 바로 좋은 책이 아닐까?

좋은 음식을 먹으면 육체가 건강해지듯, 양서를 읽으면 정신이 건강해진다. 건강한 육체와 건전한 정신에서 성장하는 바르고 긍정적 사고가 바로 성공을 돕는 열쇠가 된다. 같은 물을 먹더라도 독사가 먹으면 독이 되고, 젖소가 먹으면 우유가 되는 것과 같은 이치이다.

✔ 창조의 원천

21세기에서 '창조'란 개념은 더는 새로운 것을 만드는 행위가 아니다. 이제는 기존의 것을 이용해서 다시 재조합하는 행위를 창조라 부른다. 창조란 어려운 개념이 아니다. 두 가지 이상의 지식과 정보, 아이디어 등을 조화, 병행, 해체, 재조합하면 새로운 것이 태어나기 때문이다. 이런 창조의 바탕에 지식과 정보는 필수 요소가 되었다.

우리는 책을 읽으면서 가끔 질문을 던진다. 하지만 그 자리에서 명쾌한 해답을 찾는 경우는 극히 드물다. 그렇게 시간이 흐른 후, 엉뚱한 책에서 우연히 해답을 찾는 경우도 있다. 기존 지식이 해체되어 다른 지식과 조화·병행되어 나타나기 때문에 가능한 일이다. 이런 행운도 선행 지식이 깔려 있어야 가능하다. 이처럼 눈덩이처럼 불어난 지식은 단순 결합이 아닌 콜라보레이션(협업) 형태로 나타난다.

열정 독서가로 알려진 시인 장석주는 "책은 내가 경험하지 못한 세계로 나를 이끌어주고, 내면세계와 상상력을 확장하게 만듭니다."라며 책이 주는 상상력에 대해 강조했다. 즉, 자신의 세계관과 가치관이 넓어지고 풍부해지는 원천이 바로 독서라는 뜻이다.

세상의 많은 천재의 삶을 한번 살펴보자. 그들의 창조적 원천은 우수한 두뇌가 아니라, 열정적인 독서에서 나왔다는 것을 명심해야 한다.

✔ 즐거움을 통한 휴식

책 읽기의 중요한 이유이자 목적 중 하나는 즐거움을 얻기 위해서이다. 소설을 읽다 보면 다음 장면이 궁금해 마지막까지 책에서 눈을 떼지 못하는 경우가 종종 있다. 이런 즐거움이야말로 책이 주는 가장 큰 선물이 아닐까?

이것 외에도 독서는 휴식, 스트레스 해소, 정신 치료에 도움을 준다.

영국 서섹스 대학 연구진의 발표에 따르면 매일 잠들기 전, 6분간의 독서는 스트레스 수치를 68%나 감소시킨다고 한다. 음악 감상(61%), 차 마시기(54%), 걷기(42%)보다 스트레스를 낮추는 데 더 효과적이라는 결과에 주목할 필요가 있다.

특히, 잠들기 전 독서는 근육이 이완되고 심장 박동이 안정적 상태로 변

---

5 비즈니스 인사이더(2015.8.23) / 데이비드 루이스 교수

하기 때문에 최적의 수면 상태를 유지할 수 있다고 한다. 결국, 독서를 통해 우리는 정신적 즐거움과 동시에 휴식까지 취할 수 있다.

　위와 같은 내용을 살펴보면서, 우리 삶에서 독서가 왜 필요한지 알아보았다.

　종이 한 장에 프린트된 활자들……. 이것이 모이면 단순한 인쇄물의 차원을 넘어 책이 된다. 이런 책은 기록으로 남아 인간의 삶 속에서 오랜 시간 지혜, 역사, 문화 등 다양한 형태로 흔적을 남긴다.

　"기억은 지워질 수 있지만, 기록은 지워지지 않는다. 기록이야말로 인간의 기억을 지배한다."라는 말처럼 인간은 기록을 남기고 후손은 이것을 인식하고 다시 평가한다. 이렇게 살아남은 것이, 우리가 지금 읽고 있는 책이라는 '삶의 지혜'이다.

3
독서법의 현 실태

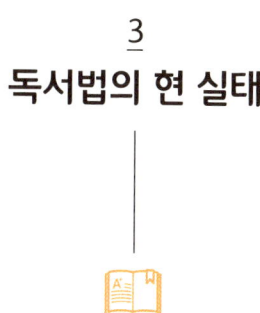

인터넷 포털 사이트 도서 코너에서 '독서법'을 검색했다. 무려 7,363권의 책이 눈앞에 나타났다. 신간이 52권, 베스트셀러 2,968권, 스테디셀러도 64권이었다. 독서법을 배우려는 독자는 과연 어떤 책을 선택해야 할까?

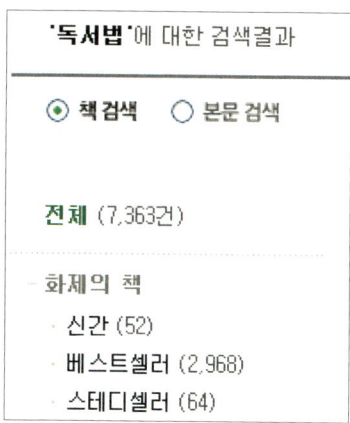

✔ 학습을 위한 또 다른 훈련

"책을 천천히 읽어라."

주변에서 이런 충고를 종종 듣게 된다. 머리만 끄덕거릴 뿐, 실천에 옮기

려니 뭔가 찝찝하다. 천천히 읽어서는 많은 책을 읽을 수 없기 때문이다.

'시간은 없고, 읽을 책은 사방에 깔렸는데……'

심각하게 고민하면서, 다른 방법을 찾는다. 결국, 빠른 책 읽기, 즉 속독에 관심을 가져본다.

속독의 교육 방법을 먼저 살펴보자. 속독 교육의 핵심은 바로 '정보의 획득'이다. 사실 속독으로 책 내용 전부(100%)를 얻을 수 없다. 일반적으로 속독은 '핵심 정보의 일부 획득'을 강조한다. 속독 훈련 과정을 살펴보면, "책에서 몇 퍼센트의 정보를 건졌는가?"라는 관점으로 교육한다. 즉, 책을 읽고 10~15%의 정보를 건졌다면, 속독은 이것을 '성공적인 독서'라고 판단한다. 속독의 관점으로 볼 때, 책 한 권의 핵심은 보통 20%를 넘지 않기 때문이다. 속독 교육은 이런 성공을 위해 눈동자 돌리기 방법을 배우고 수없이 훈련을 반복한다.

설령, 속독으로 70% 아니 99%까지 독해를 했다고 가정해보자. 그렇다면 잃어버린 1%는 과연 무엇을 의미할까? 책을 읽을 때, 문장을 몇 퍼센트 이해했다는 수치는 절대 중요하지 않다. 우리는 소설, 시, 수필 같은 문학을 읽을 때, 문장, 문장 사이의 접속사, 조사, 동사 등의 세밀한 부분에서 미묘한 맛을 느낀다. 이것이 바로 1%에 해당한다. 구두점 하나가 문장의 느낌을 다르게 한다는 사실을 잊지 말아야 한다.

물론, 이런 방법이 독서에 큰 도움이 될 것 같으면 돈을 주고서라도 꼭 배워야 한다. 하지만, 속독으로 책을 제대로 읽을 수 없다. 특히, 문학의 경우에 속독은 아주 무의미할 뿐이다. 다시 말해, 이런 학습을 배우는 것보다 가슴을 뜨겁게 달궈줄 짧은 시 한 편이 우리에게 더 큰 도움을 줄 것이다.

✔ 솔깃한 유혹의 독서법

서점에 가면 많은 독서법 책을 볼 수 있다.

"와! 독서법이 이렇게 많아!"

널려 있는 독서법 책 중에서 하나를 고르기란 결코 쉬운 일이 아니다. 실제 다른 분야의 책과 비교해보면 독서법 책의 비율은 꽤 높은 편이고, 신간 발행도 꽤 많은 편이다.

독서법 책이 많은 이유는 간단하다. 많은 사람이 독서법에 관심을 가지기 때문이다. 우리는 자라면서 "공부해라.", "책 봐라."라는 말을 듣고 자랐다. 그런 까닭에 책에 대한 조건 없는 강요가 머릿속에 남아 있다. 실제 독서를 하지 않지만, 독서를 꼭 해야 한다는 그런 강박관념이 있다.

그래서인지 몰라도 독서법에 관심이 있는 사람이 꽤 많다. 짧은 시간에 좀 더 많은 책과 효과적인 독서를 원하기 때문이다. 하지만, 책은 생각만큼 쉽게 읽을 수도, 손에 잡히지도 않는다.

서점에서 독서법 책은 날개 돋친 듯 팔리지만, 반대로 책을 읽는 사람의 숫자는 점점 줄어들었다. 아이러니한 얘기 같지만, 2016년까지의 통계를 볼 때, 이것은 사실이다.

결국, 독자는 '독서법'이라는 출판사의 낚시질에 먹잇감이 되고 말았다. 물론 책의 제목도 아주 자극적이고, 그럴싸하다.

독서법 중에서도 우리를 유혹하는 책은 크게 세 가지로 나눌 수 있다.

- 하루 ○○ 분 독서, ○○ 분 기적의 독서 : **짧은 시간 투자**
- ○○ 인문 고전 읽기   : **고전 읽기의 비법 전수**
- ○ 등 독서, ○○○ 독서법   : **특별한 독서 방법**

먼저 'ㅇㅇ분'으로 시작하는 독서법을 살펴보자. 매일 ㅇㅇ분을 습관적으로 책을 읽으면 분명 삶이 바뀌고, 스스로 변화를 느낄 수 있다. 하지만 처음부터 매일 ㅇㅇ분을 꾸준히 할 수 있는 사람은 극소수에 불과하다. 하루 ㅇㅇ분이라도 처음부터 꾸준히 하기는 매우 어렵기 때문이다. 무엇을 하든지 기초 체력부터 키워야 장거리 레이스도 가능하다. 이런 것을 간과한 채 무조건 ㅇㅇ분만 책을 읽으면 세상이 달라질 것처럼 강조한다.

두 번째는 'ㅇㅇ 인문 고전'이 들어간 독서법이다. 한마디로 "이 책을 읽으면 인문·고전을 쉽게 읽을 수 있다."며 광고한다.

인문·고전은 소위 독서를 좀 한다는 독서 고수(?) 또는 지식인이 즐겨 보는 분야이다. 하지만 진짜 인문·고전을 읽는 사람은 이런 책, 'ㅇㅇ 인문 고전'이 들어간 책 따위는 보지 않는다. 인문·고전은 방법을 배워서 읽기보다 단계를 밟다 보면, 어느 순간 필요에 따라 스스로 찾게 된다. 아무 기초 지식 없이 인문·고전을 필사하고 무턱대고 읽는 방법은 깨진 독에 물 붓는 것과 다르지 않다. 인문·고전 분야는 때가 되면 자연스럽게 읽는 것이 가장 좋다.

인문·고전 읽는 방법을 배우고 바로 읽을 수 있다면 얼마나 좋겠는가? 하지만 이것은 진정한 독서가 아니다. 한마디로 read가 아닌 view에 불과한 독서일 뿐이다. 유치원에 다니는 꼬마도 논어를 볼 수 있다. 단지 이해하지 못할 뿐이다.

마지막으로 'ㅇ등 독서', 'ㅇㅇㅇ 독서법'이다. 이런 책에는 '1등이 된다'든지, '천재가 된다'는 과장된 수식어가 따라붙는다. 이런 유의 독서법 책은 아주 쉬운 내용을 그럴싸하게 포장해 놓은 경우가 많다. 어떻게 보면 돈을 주고 살 가치도 없을 만큼 내용이 조잡한 책도 있다.

상업적 광고에도 '최고', '1등' 같은 단어는 쓰지 못하게 되어 있다. 하물며 독서법 제목에 이런 단어를 표현하는 자체가 스스로 아류임을 인정하는 행위이다. 좋은 악기에는 보증서가 없다. 좋은 악기는 오로지 소리로만 평가받기 때문이다.

위와 같이 독서법 책의 세 가지 부류를 살펴보았다. 이런 책 대부분은 비효율적이거나 추상적인 내용을 그럴듯하게 포장했을 뿐이다. 한마디로 저자 스스로 "나도 이렇게 했으니, 너도 한번 따라 해보아라." 정도의 메시지를 던지며, 실천적 측면에서 "내가 바담 풍 해도 너희들은 바람 풍으로 읊어라."에 불과한 말장난에 불과하다.

책은 자기를 성장시키는 가장 큰 자산이다. 하지만 이것을 어떻게 사용하느냐에 따라 효과는 완전히 달라진다. 그래서 제대로 된 독서방법이 필요하다.

평생 118권의 책을 쓴 괴테가 충격적인 고백을 남겼다.

"3년 동안 책을 읽고 나니 독서는 아무나 할 수 있는 것이 아니었다. 독서는 배워야만 하는 것이다. 6개월 동안 잘못된 방법으로 밑 빠진 독에 물 붓기를 했다. 하루에 하나 잡으면 끝까지 하는 지독한 성격이 있어서 15시간씩 했다."

괴테의 말처럼 맹목적인 독서는 애초부터 하지 않는 것이 더 좋을 수 있다. 뭔가 배우려면 기초부터 바르게 배우는 것이 가장 빠르고 확실한 방법임을 깨달아야 한다.

4
클라우드 리딩

필자는 오랜 시간 동안 많은 고민을 하면서 독서 방법에 대해 연구했다. 성과를 낼 수 있는 독서, 배워서 바로 써먹을 수 있는 독서, 스스로 수준을 올릴 수 있는 독서…….

결국, 필자는 이런 고민 끝에 기본에 가장 충실한 독서법을 만들었다. 앞서 말한 것처럼 새로운 창조가 아닌 기존의 방법들에서 조화, 병행, 해체, 재조합을 이용했다.

이 방법의 활용적 측면을 간단히 설명하면, 필요한 것을 차용해 쓰는 '클라우드 컴퓨팅'의 메커니즘과 매우 흡사하다. IT 기법과 인문의 조화로운 만남, 이것이 21세기에 필요한 최적의 방법이라는 생각에 이 독서법의 이름을 '클라우드 리딩'이라 붙였다.

✔ 클라우드 리딩 개발자 : 독수리 5형제

독수리 5형제라는 말을 듣자마자, 추억 속에 남아 있는 만화영화 독수리 5형제의 한 장면이 떠오를 것이다. 이 만화영화는 1980년대 한국에서 방영되어 큰 인기를 끌었다.

〈독수리 5형제〉의 가장 큰 재미 요소는 무기와 복장, 역할과 성격이 제각기 다른 5명의 대원이 팀을 이루어 적과 싸우는 스토리에 있다. 클라우드 리딩을 만든 독수리 5형제 역시 각각 다른 5명으로 구성되어 자기만의 분야에서 최상의 독서방법을 연구한다.

〈매일신문 교육 란에 연재되는 독수리 5형제의 읽go쓰go 코너〉

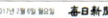

독수리? 독서법 책에 '독수리'가 엉뚱하게 등장했다.

'하필이면 왜 독수리일까?'

이렇게 생각한 독자도 분명 있을 것이다. 이 책에는 '독수리 5형제', '독수리'라는 단어가 자주 등장한다. 먼저 필자가 독수리와 인연을 맺게 된 사연을 간단히 알려주겠다.

✔ 하늘의 왕자가 되기 위한 독수리의 노력

#1

독수리는 하늘의 왕이다. 하지만 그 자리는 처음부터 그냥 얻어지는 게 아니다. 어미 독수리는 새끼를 하늘의 왕자로 키우기 위해서 혹독한 훈련을 시킨다. 높은 곳에 집을 짓고, 때로는 새끼를 아래로 떨어뜨린다. 어떤 날은 자기 새끼들끼리 싸우는 것을 보면서도 말리지 않는다. 심지어 약한 새끼가 강한 새끼한테 물려 죽더라도 가만히 지켜볼 뿐이다. 이렇게 해야만 어린 새끼가 강한 독수리로 자란다.

#2

새끼 독수리 한 마리가 닭장 속에서 다른 병아리와 함께 태어나 자랐다. 어미가 바뀐 독수리는 항상 자신을 닭이라고 생각하며 닭과 같은 행동을 하며 살았다. 독수리 새끼는 땅에 떨어진 씨앗과 꿈틀거리는 벌레를 찾으려고 흙을 파헤치기도 했다. 닭처럼 꼬꼬댁 거리며 땅에서 얼마 높이 날지 못했다.

몇 년이 흘렀다. 독수리도 이제 청년이 되었다. 어느 날, 독수리는 구름

한 점 없는 하늘에서 높이 날고 있는 멋진 새를 보았다. 새는 힘찬 바람을 가로지르며 우아하게 금빛 날개를 펼치며 높이 솟아올랐다.

"정말 아름다운 새구나!"

독수리가 옆에 있는 닭에게 얘기했다.

"무슨 새지?"

"독수리야. 새 중의 왕이지."

옆에 있던 닭이 툴툴거리며 말했다.

"꿈도 꾸지 마. 넌 절대로 저렇게 될 수 없다고."

그 후, 독수리는 그런 생각을 가슴 속에 품지 않았고, 자신을 닭장 속의 닭이라고 생각하면서 평생을 살아갔다.

같은 독수리지만 두 얘기 속의 모습은 너무 다르다. 이런 것을 볼 때, 선천적인 재능을 타고났더라도 살아가는 방법과 환경에 따라 운명이 달라진다는 것을 알 수 있다. 그런데 이 이야기는 비단 독수리에게만 적용되는 것은 아니다.

지금, 우리의 현실은 어떠한가? 당신은 원래 독수리로 태어났지만, 지금 닭장 속에서 닭의 모습으로 살아가고 있는 것은 아닐까?

이제 우리는 새롭게 달라져야 한다. 만화 영화 속 독수리 5형제는 위기가 닥쳤을 때 불새로 변신한다. 불새는 천하무적의 모습으로 거침없이 악당을 무찌른다.

독수리에 관한 또 다른 얘기도 있다.

#3

하늘의 왕자인 독수리에게도 시련이 닥친다. 세월을 이기는 장사가 없기 때문이다. 40년을 산 독수리는 부리가 굽어지고, 날카로운 발톱도 무뎌진다. 이때 30년을 더 살기 위해 150일 동안 둥지에서 먹지 않고 환골탈태를 결심하는 독수리가 있다.

독수리는 40년 사용한 무딘 부리를 바위에 계속 부딪쳐서 새로운 부리를 자라게 한다. 그 부리로 무뎌진 발톱을 뽑아내고, 오래된 털을 모두 뽑아 가벼운 새 털이 나올 때까지 기다린다. 이것이 바로 독수리의 환골탈태이다. 다시 태어난 독수리는 하늘로 다시 날아올라 새로운 인생을 다시 살아간다.

물론, 세 번째 소개된 독수리 얘기(#3)는 사실이 아니다. 하지만 오늘을 살아가는 우리에게 꼭 필요한 얘기 같아 간단히 소개했다.

이 글을 읽으며 머릿속에 뭔가 떠오르는 생각이 있을 것이다. 지금의 당신 모습을 한번 떠올려보자. 독수리의 환골탈태처럼, 정말 이런 방법이 있다면, 당신도 다시 새롭게 태어나고 싶지 않은가?

5
다시 태어난 독수리 5형제

  필자 역시 독수리의 환골탈태처럼 다시 태어났다. 아울러 독자에게도 같은 기회를 주고 싶다.

  필자가 '독수리'라고 이름을 붙인 특별한 이유가 또 하나 있다. 여기서 〈독수리〉란, 바로 읽을 독讀, 닦을 수修, 이치 리理가 합쳐진 단어이다. 의미를 풀어보면, '독서를 통해 자기를 갈고닦아 이치를 깨닫자'라는 뜻이다.

  이것이 〈독수리 5형제〉 저자들이 만든 새로운 '독수리'이다.

  추억을 통해 다시 만나는 '독수리 5형제'이다.

  이제 독수리 5형제가 만든 새로운 독서법, 클라우드 리딩을 통해 불새로 변한 당신의 당당한 모습을 기대해본다.

✓ 클라우드 리딩의 탄생

  "십 년이면 강산이 변한다."는 말이 있지만, 요즘 이 말이 꼭 옳다고 볼 수는 없다. 십 년이면 한 번이 아니라 적어도 두세 번은 변하는 경우가 허다하기 때문이다. 사정이 이렇다 보니, 급변하는 21세기를 적응하며 적당히 사는 것도 결코 쉬운 일이 아니다. 하지만 세상은 적당한 것을 원하지 않는다. 사람들은 '최고', '1등'이란 수식어가 붙은 단어만을 좋아한다. '적자생존', '빈익빈 부익부', 바로 이런 단어가 오늘날의 현실이 되었다. 결국, 우리는 생존을 위해 최고가 되어야 한다. 그것도 세상이 원하는 리더가 되어야 한다.

어떤 방법이 있을까? 물론 여러 가지가 있겠지만, 필자의 경험으로 볼 때 독서보다 더 훌륭한 방법은 없다. 다양한 분야를 쉽고 빠르게 경험하는 가장 효율적인 원천이 책이기 때문이다. 급변하는 21세기! 독서야말로 당신을 리더로 성장시킬 수 있는 최고의 방법이 아닐까?

많은 사람이 독서에 대해 멋진 말을 수없이 남겼다.

"책 속에 길이 있다."

讀書百遍義自通(독서백편의자통, 글을 백번 읽으면 뜻이 저절로 통한다)

모두 맞는 말이다. 하지만 이런 말을 듣고 행동으로 옮기는 사람이 과연 몇 명이나 될까? 틀리지 않았지만, 행동으로 옮기기에는 뭔가 조금 부족하다. 결과만 있을 뿐, 과정을 보여주지 않았기 때문이다.

책도 자기에게 맞는 분야가 있고, 독서법도 제각각 달라야 한다. 물론, 정형화된 독서 방법이 초기 학습 단계에서 어느 정도 성과를 발휘하는 것은 사실이다. 하지만 지적 성장을 원하는 사람에게는 많은 부분에서 아쉬움을 남긴다. 성장에 한계가 있기 때문이다. 결국, 제대로 된 독서방법을 갖지 못하면, 책을 읽어도 오히려 시간만 낭비할 뿐이다.

세계신기록을 가진 마라토너라도 발에 맞지 않는 신발을 신고 달리면 좋은 기록을 낼 수 없듯, 누구나 자기에게 맞는 독서 방법이 있다. 우리는 바로 그것을 제대로 찾고 자기에게 맞는 최적의 방법을 스스로 깨달아야 한다.

　오랜 독서 생활을 하다 보면, 자기에게 맞는 독서법은 저절로 찾을 수 있다. 하지만, 상당한 시간이 소요된다. 만약 수십 년이 걸려 100세에 이르러 자기에게 맞는 독서법을 찾았다고 해보자. 100세의 깨달음이 당신의 인생에서 어떤 의미를 줄 수 있을까?

　이런 현실 속에서 현대인은 자기에게 맞는 독서법을 빨리 찾아야 한다. 어렵지 않으면서도 재미가 있어야 하고, 나아가 질적 양적으로 성장할 수 있는 그런 독서법이 아주 절실하다.

　필자는 수많은 시행착오를 거쳐 새로운 변화가 절실한 현대인에게 가장 적합한 독서방법을 만들었다. 바로 이 책에서 소개한 〈클라우드 리딩〉이다.

　〈클라우드 리딩〉은 자신의 정확한 수준을 스스로 점검하고, 성장할 수 있는 정확한 패턴을 제시하며, 나아가 발전적 방향까지 예측할 수 있다.

✔ 讀修理 五兄弟의 비밀병기 - 클라우드 리딩

　'물고기를 잡으려면 바다로 가야 한다.'는 의미의 연목구어(緣木求魚)란 사자성어가 있다. 사람이 어떤 뜻을 품고 그 뜻을 이루고 싶다면, 바른길을 선택하라는 의미이다.

　독서를 잘하려면 제대로 된 독서법을 먼저 익혀야 한다. 자동차 운전을 잘하려면 자동차 정비가 아닌 운전법을 알아야 하는 것과 같은 맥락이다. 이 책에서 소개하는 독서법은 〈클라우드 리딩〉이다. '클라우드'라는 말은 IT 용어이지만, 이제 주변에서도 쉽게 들을 수 있다. 클라우드 리딩은 독서라는 인문영역과 IT라는 다른 영역을 융합시켜 만든 새로운 독서법이다.

이 책에서 제공하는 과정은 〈동기부여〉, 〈어떻게 책을 읽을 것인가?〉, 〈무슨 책을 읽을 것인가?〉, 〈독서의 목적〉, 〈책을 읽고 정리하기〉, 〈독서환경〉의 6분야의 방법을 조합해서 만든 과정이다. 독서의 단계에 따라 '독', '수', '리', '불새'로 나누며, 이 책에서는 기초과정(북멘토 과정)으로 '독', '수' 단계만 소개했다.

기초 과정		전문가 과정	
Lv 1	Lv 2	Lv 3	Lv 4
독	수	리	불새
북멘토 과정		북코치 과정	
클라우드 리딩 〈입문 편〉		클라우드 리딩 〈전문가 편〉	

기초과정을 마치면, 책에 대한 재미와 습관을 만들 수 있고, 자신이 성장할 관심 분야도 찾을 수 있다. 이 책에서 제공하는 1·2단계 과정의 라이브러리는 정형화된 패턴으로 제공한다.

모든 과정(독, 수, 리, 불새)을 끝내면, 자기만의 독서 방법을 만들 수 있다. 스스로 만들어 가는 〈클라우드 리딩〉은 정형화된 패턴이 없기 때문이다. 클라우드 리딩은 스스로 설계해서, 스스로 최적화하는 것을 원칙으로 한다.

지금은 독서의 입문단계이다. 시작 단계에서 스스로 설계를 한다면, 많은 시행착오를 겪을 수밖에 없다. 이런 비효율적인 오류를 줄이기 위해 단계별로 정형화된 패턴 4가지 조합(Lv 1~ Lv 4)을 제공한다. 마지막 과정(Lv 4)을 마치면, 스스로 설계하고, 스스로 최적화한 자기만의 독서법을 만들 수 있다.

〈클라우드 리딩의 기본 개념: 6가지 라이브러리에서 필요한 항목을 추출하여 재조합하는 메커니즘〉

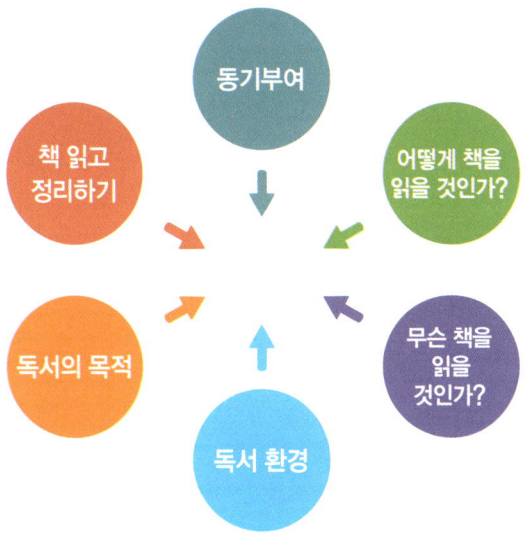

✔ 클라우드 리딩의 특징

〈논어〉의 술이편(述而篇)에 술이부작(述而不作)[6] 이란 말이 나온다. 자신의 저술이나 창작을 두고 저자가 겸손의 뜻으로 주로 하는 말이다. 하지만 다른 관점에서 보면, "하늘 아래 새로운 것은 없다."라는 말로 생각할 수 있다.

〈클라우드 리딩〉에서 제공하고 있는 〈동기부여〉, 〈어떻게 책을 읽을 것인가?〉, 〈무슨 책을 읽을 것인가?〉, 〈독서의 목적〉, 〈책을 읽고 정리하기〉, 〈독서환경〉의 6가지 분야(라이브러리)는 기존의 독서법에서 차용한 것을 새롭게 분류·조합했다. 여기서 '차용'은 클라우드 컴퓨팅의 핵심 기본 원

---

6 저술한 것이지 창작한 것이 아니다.

리이다.

〈클라우드 리딩〉은 '차용'이란 기본 개념을 원리로 사용했고, 〈클라우드 리딩〉의 이름과 여기서 사용하는 '라이브러리' 같은 용어조차도 〈클라우드 컴퓨팅〉에서 모두 가져왔다.

〈라이브러리〉 속의 콘텐츠 역시 이미 만들어진 좋은 독서법 책에서 차용했다. 좀 더 엄밀하게 말하면, 독서의 방법 중에서도 가장 좋고, 핵심적인 것만 골라내고, 다시 또 걸러 엄선한 결과물이다.

정리를 해보면, 〈클라우드 리딩〉은 IT의 기술을 끌어와 기본 개념으로 사용했고, 인문적인 독서 방법을 가져와 재조합한 결과이다.

클라우드 리딩 (용어)	클라우드 컴퓨팅에서 차용
클라우드 리딩 (원리)	클라우드 컴퓨팅에서 차용
라이브러리 (용어)	클라우드 컴퓨팅에서 차용
라이브러리 (내용)	기존 독서법에서 차용

→ 선택과 재조합

6
클라우드 컴퓨팅 vs 클라우드 리딩

✔ 클라우드 리딩의 탄생

'클라우드' 개념을 간단히 살펴보겠다. 이제 '클라우드(또는 클라우드 컴퓨팅)'라는 용어는 이제 낯선 용어가 아니다. 다음(daum.net), 네이버(naver.com) 같은 인터넷 포털 서비스의 상품에도 '클라우드'를 붙일 정도로 흔히 사용하는 용어이다.

〈누구나 쉽게 쓰는 클라우드 서비스 - 다음 클라우드〉

✔ 클라우드 컴퓨팅의 개념

클라우드 컴퓨팅이란?

구름(cloud)과 같이 무형의 형태로 존재하는 하드웨어·소프트웨어 등의 컴퓨팅 자원을 자신이 필요한 만큼 빌려 쓰고 이에 대한 사용 요금을 지급하는 방식의 서비스이다.

〈클라우드 리딩〉의 '클라우드'는 '클라우드 컴퓨팅'에서 가져온 단어이다. '클라우드 컴퓨팅'은 어떤 특별한 기술이 아니라 아이디어 또는 메커니즘으로 이해해야 한다.

✔ IT와 인문의 융합

어느 날, '클라우드 컴퓨팅'에 관한 특집 기사를 우연히 보았다. 구름과 다양한 분야를 이어주는 선들…….

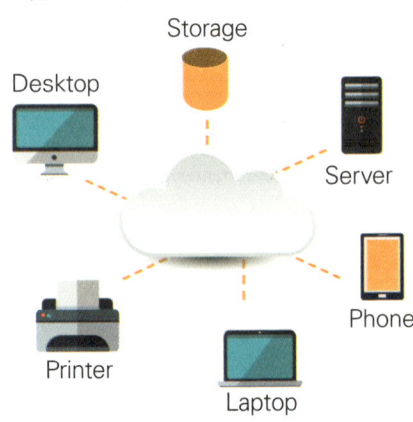

〈필요한 것만 골라쓰는 클라우드 컴퓨팅 서비스〉

'클라우드 컴퓨팅을 다른 분야에 써먹을 수 없을까?'

문득 이런 생각이 들었다.

우리가 이미 쓰고 있던 많은 것이 '클라우드 컴퓨팅'의 개념과 유사했기 때문이었다. 실제 '클라우드 컴퓨팅'의 사용 방법은 너무 간단하다. 쓰면서도 이것이 '클라우드 컴퓨팅'인지 조차 모르고 쓸 정도이다. 정수기 렌탈, 자동차 렌탈, 부동산 렌탈, 타이어 렌탈……

모두 클라우드의 '차용' 개념과 전혀 다르지 않았다.

우리는 〈클라우드 컴퓨팅〉이론을 정확히 몰라도, 이것을 활용하는 데 전혀 불편함을 느끼지 못한다. 단순히 대가를 지급하고 빌려 쓰면 그만이다. 이것이 클라우드 개념의 특징이자 가장 큰 장점이다.

이런 개념을 어딘가에 접목하고 싶어, '클라우드 컴퓨팅'에 대해 조사하고 고민했다. 시간이 흐를수록 뭔가 조금씩 떠오르기 시작했다. 필자는 '클라우드 컴퓨팅'과 '독서법'을 연결해 보았다.

세상에 나와 있는 독서법은 너무 많고 심지어 어렵기까지 했다. 책을 읽기 위해 뭔가 또 방법을 배워야 했고, 심지어 상당 기간 훈련을 거쳐야 가능한 것도 있었다. 필자는 세상에서 가장 쉬운, 가져다 쓰기만 하면 내 것이 되는 클라우드 서비스 같은 독서법을 만들고 싶었다.

'클라우드 컴퓨팅' 이론과 독서법은 찰떡궁합이었다. 얼마 후, '클라우드 컴퓨팅' 이론을 통해 자기에게 필요한 것만 가져다 쓰는 맞춤식 독서법을 완성하였다.

✓ 클라우드 컴퓨팅

우리는 '클라우드 컴퓨팅' 전체를 자세히 이해할 필요가 없다. 어떤 개념인지 잠깐 살펴보는 수준에서 이해하면 된다.

클라우드 컴퓨팅(Cloud Computing)의 '클라우드(Cloud)'는 구름을 뜻한다. 인터넷에서 정보 검색하는 것을 웹서핑(Web Surfing)이라 부른다. '클라우드 컴퓨팅'은 웹서핑과 비슷한 개념이다. 차이를 구분한다면 웹서핑보다는 좀 더 확장된 의미(좀 더 큰 영역)로 쓰인다. 그래서 '바다'보다 더 넓은 '구름'으로 표현한다.

백과사전과 네이버에서 '클라우드 컴퓨팅'에 대한 보편적인 설명을 찾아보았다.

클라우드 컴퓨팅은 IT와 관련된 기능들이 서비스 형태로 제공되는 컴퓨팅 스타일이다. 사용자들은 지원하는 기술에 대한 전문 지식이 없어도 또는 제어할 줄 몰라도 이 서비스를 이용할 수 있다. 이 기술의 단적인 특징으로 모든 정보는 인터넷상의 서버에 영구적으로 저장되며, 사용자의 컴퓨터(또는 휴대기기)에는 일시적으로 필요한 정보만이 보관되는 형태이다.

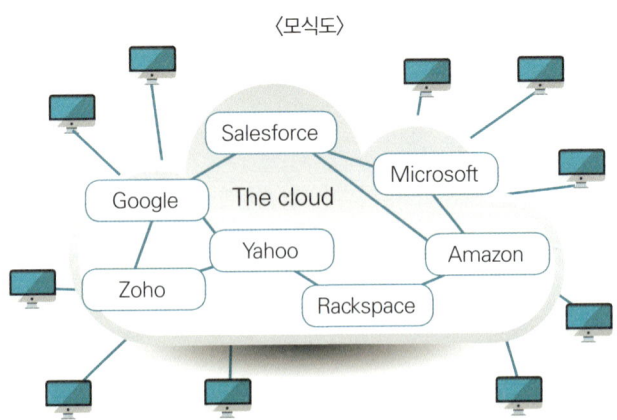

〈모식도〉

7　http://ko.wikipedia.org.
8　http://naver.com 필자가 위키 백과사전과 네이버 검색을 사용한 이유는 일반적, 보편적인 설명을 하기 위해서이다.

컴퓨터 네트워크 구성도에서 인터넷을 구름으로 표현한다. 이때 구름은 숨겨진 복잡한 인프라 구조를 의미한다. 사용자는 이러한 복잡한 인프라 구조를 알지 못해도 클라우드 컴퓨팅을 이용할 수 있다.

클라우드 컴퓨팅은 최신 기술처럼 보이지만, 1960년대 미국의 컴퓨터 학자인 존 맥카시(John McCarthy)가 제시한 이론이다. 이 개념이 시범적으로 도입된 시기는 대략 1990년 중반이었다. 하지만 그 당시의 네트워킹 환경으로 이 기술을 충분히 활용할 수 없었다. 결국, 21세기에 들어서야 클라우드 컴퓨팅을 응용한 기술이 다양하게 활용되기 시작했다.

〈모든 것을 연결할 수 있는 클라우드 서비스〉

✔ 클라우드 컴퓨팅 vs 클라우드 리딩

'클라우드 컴퓨팅'은 '효율성 원리'가 밑바탕이다. 〈클라우드 리딩〉 역시 '효율성 원리'를 사용했다. 이로 인해 '클라우드 컴퓨팅'과 〈클라우드 리딩〉

의 개념은 매우 유사하다.

- <클라우드 컴퓨팅> 개념

"클라우드 컴퓨팅은 사용자 요구(요청)로 특정 서비스 또는 상품을 직접 선택하여 공급받는다. 이렇게 제공 받은 상품에 대해서는 그 요금을 지불해야 한다."

- <클라우드 리딩>의 개념

"사용자(자신)의 요구로 특정 서비스(라이브러리)를 직접 선택하여 사용한다. 이렇게 제공받은 방법에 대해서는 그 대가(노력)를 지불한다."

두 개념을 비교해도 큰 차이가 없다. 단지, 컴퓨터와 책 읽기라는 대상의 차이만 있을 뿐이다.

여기서 특정 서비스란, 판매자가 미리 만들어놓은 다양한 상품들이다. <클라우드 리딩>은 다양한 <라이브러리>를 제공한다.[9] <라이브러리>에서 뭔가를 선택하면, 자기만의 고유한 독서 방법(패턴)을 만들 수 있다. <클라우드 컴퓨팅>은 대가로 돈을 지불하지만, <클라우드 리딩>은 무형의 재화인 '시간과 노력'을 지불해야 한다.

---

[9] 이 책은 라이브러리 전부를 공개하지 않는다. 단지, 패턴 조합으로 구성된 기본 1,2단계의 라이브러리만 볼 수 있다.

✔ 클라우드 컴퓨팅에서 차용한 개념 정리

〈클라우드 리딩〉은 〈클라우드 컴퓨팅〉에서 몇 가지 용어를 그대로 가져왔다. 바로, 〈클라우드〉, 〈패턴〉, 〈라이브러리〉이다. 여기서 〈클라우드〉는 독서법의 이름으로 사용했고, 〈라이브러리〉, 〈패턴〉은 그대로 사용했다.

〈 클라우드를 바탕으로 애플리케이션을 배포하는 개념 – 클라우드 컴퓨팅 〉

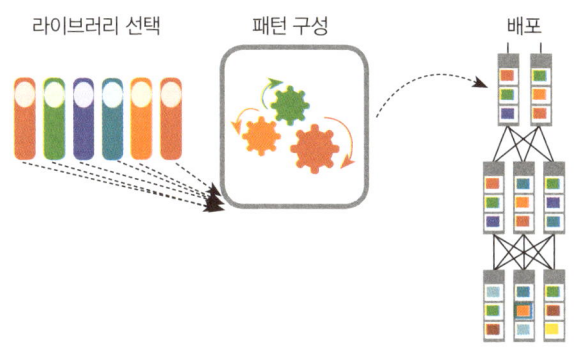

〈클라우드 리딩〉은 독서의 다양한 기법을 라이브러리 형태로 제공한다. 제공된 라이브러리가 바로 클라우드(구름)이다. 어떤 구름을 선택하고, 그 속에서 무엇을 가져다 쓸지는 당신이 직접 고르면 된다. 이렇게 조합하면 당신만의 '패턴'을 완성할 수 있다.

✔ 스스로 만드는 독서법 : 〈클라우드 리딩〉

독서라는 관점에서 본다면 〈클라우드 리딩(Cloud reading)〉은 새로운 독서법이 아니다. 즉, 〈클라우드 컴퓨팅〉의 이론을 독서에 접목한 개념이다. 효율성 원리를 바탕으로 자기 스스로 욕구와 필요적 선택 때문에 다양하고 우수한 기법을 빌려와 자기 것으로 재구성하여 조합하는 방법이다.

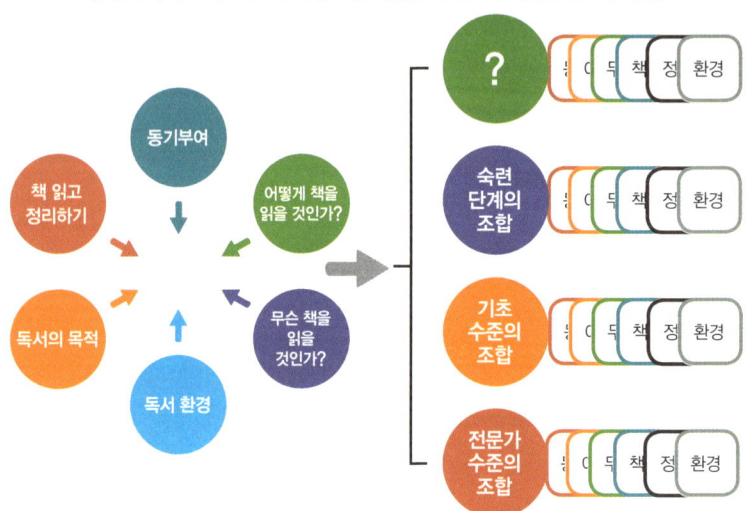

〈6개의 독서 라이브러리에서 필요한 기술을 선택하여 패턴을 만드는 과정〉

이것을 위하여 필자는 독서에 필요한 다양한 기법을 라이브러리로 사용했다. 또한, 표준 사례를 조합하여 정형화된 패턴으로 제공한다. (독·수·리·불새 단계 - 표준 패턴)

〈클라우드 리딩〉의 특징은 스스로 설계해서 사용하는 독서법이다. 이 책에서 제공하는 몇 가지의 패턴은 필자가 미리 선택해놓은 조합에 불과하다. 필요에 따라 방법을 언제든지 바꿀 수 있다. 이런 방법으로 사용자는 스스로 고유한 패턴, 즉 자신에게 최적화된 독서법을 찾아서 만들 수 있다.

✓ 클라우드 리딩의 기본 패턴 - 4단계

클라우드 리딩은 효율적 학습을 위해 4단계의 기본 패턴을 설정했다. 단계별로 학습하면서 성장할 수 있는 방향으로 설계된 방법이다.

〈표준 패턴〉

	1단계 (독)	2단계 (수)	3단계 (리)	4단계 (불새)
목적	월간 목표 2권	월간 목표 4권	월간 목표 6권	월 10권 독서
	재미와 습관 들이기	관심 분야 찾기	자기 분야 만들기	최고 전문가
	나의 독서 수준 파악	평생 독서 계획 세우기		
무슨 책을 읽을 것인가		서점에서 책 고르는 방법		
	장편동화/시/수필/셀픽션	전문 분야 입문서/소설/자기계발서	자기 분야 도서 목록 만들기	인문고전 읽기
			다른 분야 책 읽기 (인문 · 고전 입문)	같은 주제의 책 - 다양하게 읽기
어떻게 읽을 것인가	하루 30분 독서	하루 1시간 독서	90분 독서	2시간 독서(주말 활용)
				꼼꼼 읽기
	빨간 펜 독서 / 귀접기	태극 인덱스 독서	Skimming 훈련	프리리딩
				비교하며 읽기 (신토피콘)
	집중력 높이는 독서	자투리 독서	쉬지 않고 읽어보기	
읽고 정리 하기	독수리노트 Ver 1.0	독수리노트 Ver 1.2		
	SNS 리뷰(카카오스토리, 페이스북, 인스타그램)	SNS 리뷰 (블로그)	서평 쓰기(양식)	
	이글바인더	먹잇감 노트	인용문 수집 바인더	
		이글맵	구조 마인드맵	북마인드맵
		3분 스피치		10분 강의

	1단계 (독)	2단계 (수)	3단계 (리)	4단계 (불새)
독서 환경	기초 환경 설정	TV 없애기	책 쌓아놓고 보기	거실의 서재화
			책장 구매하기	서서 읽기
	서점 이용하기	도서관 사용법		헌책방 이용하기
		백색소음 활용하기		
동기 부여	내 돈 내고 책 사기	10년 법칙, 도서관 사용법	조선의 제비	평생 현역으로 살기 (삶의 3가지 자유)
	독서 모임 찾기	독서 모임 참석	독서 모임 만들기	독서 모임 운영
			드림북 세팅(5권)	나의 베스트북 10 선정
				독서치료

〈표준 패턴〉을 보면 알겠지만, 클라우드 리딩에서 제시하는 4가지 단계의 구성은 단계별로 성장하는 구조이다. '목적' 한 가지만 보더라도 처음에 '재미와 습관 들이기'로 시작해서 '관심 분야 찾기', '자기 분야 만들기', '최고 전문가' 단계까지 올라간다. 이런 성장을 위해 몇 가지 편협되고 단순한 방법이 아닌, '무슨 책을 읽을 것인가?', '어떻게 읽을 것인가?', '읽고 정리하기', '독서 환경', '목적', '동기부여'라는 관점에서 체계적·효율적으로 접근했다.

조금 아쉽지만, 이 책에서는 1단계(독(讀))에서 2단계(수(修))까지만 다룬다. 실제 짧은 시간에 4단계까지의 모든 과정을 소개하는 것은 조금 위험하다고 생각했기 때문이다. 독서란 시간을 두고 조금씩 성장하는 방법이 가장 효과적이다. 그래야만 독서가 습관화되고, 자신의 성장 원동력이 될 수 있다.

이 4가지 패턴을 보면서 자기의 책 읽기 수준이 어느 정도인지 가늠해보기 바란다.

4단계(불새, 최고 전문가)
최종 목표 달성

3단계(理, 전문분야 찾기)
나만의 브랜드 찾기

2단계(修, 숙련)
관심 분야 찾기

1단계(讀, 재미)
독서에 재미 붙이기

1. 들어가기
2. 목표
3. 습관이 왜 중요한가?
4. 책 읽기 좋은 환경 만들기
5. 매월 2권 독서
6. 집중력 높이는 독서 방법
7. 책 읽기도 과속은 금물!
8. 빨간 펜 독서
9. 어떤 책을 읽어야 하는가?
10. 수준에 맞는 책
11. 책을 편식하지 마라.
12. 정리의 기술 – 독수리 노트 ver 1.0
13. 독수리 노트의 효과
14. 독서 모임 기웃 거리기
15. SNS 글쓰기

Part 2

독讀
독서에 재미 들이기

1
들어가기

독서에 재미를 들이는 단계이다. 필자는 이 목표를 위해 '목적', '무슨 책을 읽을 것인가?', '어떻게 읽을 것인가?', '읽고 정리하기', '독서 환경', '동기부여'라는 6분야에서 효과적인 방법을 선택해서 다시 조합했다.

✓ 독讀

'독(讀)' 단계에서 배우는 내용을 먼저 살펴보자.

	1단계 (독)	2단계 (수)
목적	월간 목표 2권	월간 목표 4권
	재미와 습관 들이기	관심 분야 찾기
	나의 독서 수준 파악	평생 독서 계획 세우기
무슨 책을 읽을 것인가	장편동화/시/수필/셀픽션	서점에서 책 고르는 방법
		전문 분야 입문서/소설/자기계발서
어떻게 읽을 것인가	하루 30분 독서	하루 1시간 독서
	빨간 펜 독서 / 귀접기	태극 인덱스 독서
	집중력 높이는 독서	자투리 독서
읽고 정리하기	독수리 노트 ver 1.0	독수리 노트 ver 1.2
	SNS 리뷰 (페이스북, 카카오스토리)	SNS 리뷰 (블로그)
	이글바인더	먹잇감 노트
		이글맵
		3분 스피치

독서 환경	기초 환경 설정	TV 없애기
	서점 이용하기	도서관 사용법
		백색소음 활용하기
동기부여	내 돈 내고 책 사기	10년 법칙 + 드림보드
	독서 모임 찾기	독서 모임 참석

✔ 책 읽기의 즐거움

"걸인이 어려서 한시(漢詩)깨나 읽었더니 좋은 잔치 당하여서 술과 안주를 포식하고 그냥 가기 민망하니 차운 한 수 하사이다."

금준미주(金樽美酒)는 천인혈(千人血)이요
(금동이의 아름다운 술은 일만 백성의 피요)
옥반가효(玉盤佳肴)는 만성고(萬姓膏)라
(옥소반의 아름다운 안주는 일만 백성의 기름이라.)
촉루락시(燭淚落時)에 민루낙(民淚落)이요
(촛불 눈물 떨어질 때 백성 눈물 떨어지고)
가성고처(歌聲高處)에 원성고(怨聲高)라
(노랫소리 높은 곳에 원망 소리 높았더라.)

이렇듯이 지었으되 본관사또는 몰라보는 데 운봉 영장은 글을 보며 속으로,
"앗뿔사. 일이 났다."
(중략)
"춘향을 급히 올리라"
이때에 어사또 부하들과 내통한다.

― 춘향전 본문 중[10] ―

---

10 춘향전 / 송성욱 역 / 민음사

곧이어 암행어사가 출두 한다. '춘향전'에서 가장 극적으로 몰입되는 장면이다. 여기서부터 주인공은 '이몽룡'에서 독자인 '나'로 변신한다. 나는 암행어사라도 된 듯 착각하며 버럭 화를 낸다.

"본관 사또를 봉고 파직하라."

모든 상황이 순식간에 종료되고, 이제 춘향과 멋진 만남을 기다린다. 나와 춘향은 둘이 처음 만났던 광한루에서 추억을 떠올리고, 진주 촉석루, 속리산 문장대, 밀양 영남루 등 조선 팔도를 유람한다.

엉뚱한 상상에 정신을 차려보니, '춘향전'의 마지막 몇 장이 아직 남아있다. 서둘러 책을 읽고 후다닥 일어난다.

책 읽는 재미란 바로 이런 것이 아닐까? 책 읽는 독자가 주인공이 되어 등장인물처럼 즐거운 상상을 하면서 줄거리와 다른 이야기를 혼자 만들어 보거나, 주인공 뒤에 몰래 따라붙어 모든 것을 훔쳐보는 재미를 즐기거나…….

이 과정의 목표는 '책에 대한 재미'를 맛보는 것이다. 욕심을 버리고 이 책의 내용을 하나씩 따라가다 보면 언젠가 이런 경지에 다다라 있을 것이다.

2
목표

어떤 일이든 목표의 여부에 따라 결과는 확연히 달라진다. 특히, 항상 하던 일이라면 모르겠지만, 새로운 일을 시작하면서 목표가 없다면 결과뿐 아니라 과정에도 많은 문제가 생길 수 있다.

모르는 길을 갈 때, 우리는 내비게이션에 목적지를 설정한다. 내비게이션이 없다면, 내려서 길을 묻거나, 엉뚱한 길을 따라 시간을 허비할 수 있다. 목적지 설정, 이것은 여행 같은 단순한 일에만 해당하는 것은 아니다. '독서'라는 행위에도 목표를 설정하면 많은 도움을 얻을 수 있고, 시행착오도 줄일 수 있다.

✓ 북리스트

이 과정에서 목표는 한 달에 2권의 책을 읽는 것이다. 이렇게 준비하면, 연간 24권의 책을 읽을 수 있다. 하지만 이것도 준비가 없다면, 쉽게 달성할 수 없다. 우리는 이것을 위해 북리스트를 먼저 만들어야 한다.

읽은 책이나 앞으로 읽어야 할 책이 있다면, 북리스트에 적어야 한다. 이렇게 적다 보면, 책이 하나둘 늘 때마다 만족감과 성취감을 느낄 수 있다.

한 달 두 달 붓는 적금통장을 한번 떠올려보자. 만기가 다가올 때의 느낌이 어떠한가? 북리스트를 적금통장이라 생각하고, 앞으로 읽어야 할 책이라는 보물을 그 속에 담아보자.

☞ **북리스트 사용법**
- '읽은 책'과 '읽을 책'의 양식을 구분하여 별도로 작성한다.
- 다시 한번 더 읽어야 할 책, 추천하고 싶은 책은 중요 표시(★)를 해 둔다.

북 리스트 (☐ 읽은 책, ☐ 읽을 책)

NO	책 제목	저자/역자	출판사	비고

3
습관이 왜 중요한가?

  책에 재미를 들이기 위한 가장 효과적인 방법의 하나가 독서를 습관으로 만드는 것이다. 뭐든지 억지로 하는 것은 흥미도 없지만, 효과도 떨어지게 마련이다. 특히, 지식과 교양을 머릿속에 집어넣는 '독서'라는 행위는 억지로 할수록 오히려 역효과만 날 뿐이다.

> ※ 다섯 단계 인생 공식
> 생각을 조심하라. 그것이 너의 말이 된다.
> 말을 조심하라. 그것이 너의 행동이 된다.
> 행동을 조심하라. 그것이 너의 습관이 된다.
> 습관을 조심하라. 그것이 너의 인격이 된다.
> 인격을 조심하라. 그것이 너의 운명이 되리라.

  신문이나 책에서 가끔 등장하는 〈다섯 단계 인생 공식〉이다. 사람의 운명이 결정되는 과정을 짧은 문장, 그것도 다섯 줄로 압축했다. 하나하나 따져 봐도 틀린 내용을 찾을 수 없을 만큼 무서운 말로 여겨진다.
  여기서 세 번째 문장에 주목할 필요가 있다. '행동'과 '습관'의 인과관계를 설명했다. 게다가 '습관'은 '인격'이 된다고 한다.

'좋은 습관'은 인생의 여러 면에서 중요한 역할을 한다. 습관은 자기도 모르게 저절로 표출되기 때문이다. 그래서 좋은 습관이 필요한 것이다.

우리는 신년 초마다 새로운 계획을 세워 원대한 포부를 가져보는 행위를 반복한다. 하지만 이런 계획은 번번이 실패한다. 과연, 신년계획이 성공할 확률은 얼마나 될까?

이것을 조사한 결과가 있다. 2012년 국제임상심리학회지를 보면, 신년에 세운 계획이 성공할 확률은 불과 8% 정도이고, 실패 원인 중 하나는 바로 몸에 밴 습관 때문이라고 밝혔다. 게다가 습관을 고치기 어려운 이유를 뇌가 현 상태를 유지하려는 관성 때문이라고 설명했다.

새로운 계획을 세운다는 것은 나쁜 습관을 고치는 행위이다. 하지만 이것은 마음만 먹는다고 쉽게 고쳐지지 않는다. 결국, 좋은 습관을 만들기 위해 남다른 전략이 필요하다.

✓ 작심삼일을 계속 반복하라고?[11]

우리는 세상을 살아가면서 다양한 계획을 수없이 세우지만, 삼일도 못 가서 실패하는 경우가 허다하다. 우스갯소리로 이런 작심삼일도 계속 반복하면 성공할 수 있다고 하지만, 계속되는 작심 3일 속에 '난 안 돼'라는 자괴감만 더 쌓일 수 있다. 그렇다면 습관을 만들기 위한 확실한 방법은 없을까?

"습관을 바꾸려면 최소 21일은 계속해야 한다."는 '21일의 법칙'에서 그 해답을 찾을 수 있다. '21일 법칙'은 미국의 의사 존 맥스웰이 1960년대 출간한 '성공의 법칙'에서 처음 주장한 내용이다.

---

11 중앙일보 / '21일 법칙' 지켜야 나쁜 습관 고친다

성형외과 의사인 맥스웰은 사고로 사지를 잃은 사람이 잘린 팔과 다리에 심리적으로 적응하는 기간을 연구하면서 '21일의 법칙'을 발표하였다. 21일은 생각이 의심·고정관념을 담당하는 대뇌피질과 두려움·불안을 담당하는 대뇌변연계를 거쳐 습관을 관장하는 뇌간까지 가는 데 걸리는 최소한의 시간이다. 21일의 법칙은 이후 많은 심리학자와 의학자의 연구를 통해 체계화됐다.

영국 런던대 필리파 랠리 교수팀도 사람의 뇌는 충분히 반복돼 시냅스가 형성되지 않은 것에는 저항을 일으킨다. 아직 그 행동을 입력해 놓을 기억세포가 만들어지지 않았기 때문이다."라고 했다. 덧붙여 "새로운 행동이 습관화되는 데는 최소 21일이 걸린다."고 주장했다. 이것은 많은 심리학 치료에 적용돼 현재까지 이어왔다.

배재대 심리철학상담과 최애나 교수도 "실제 심리 치유 프로그램을 진행할 때에도 한 단계당 3주 단위로 진행된다."고 설명했지만, 이것도 조금 부족하다고 했다. 3주는 뇌에 습관을 각인시키는 단계이기 때문이다. 최애나 교수는 "습관을 완전히 몸에 배게 하려면 66일을 더 이어나가야 한다."며 습관이 정착하는 데 약 석 달 정도가 필요하다고 강조한다.

2009년, '유럽사회심리학 저널'에서도 특정한 행동을 매일 같은 시간에 행동하도록 한 결과, 습관이 몸에 배기까지(그 행동을 하지 않았을 때 더욱 힘든 상황) 평균 기간은 12주가 걸렸다고 했다. 즉, 새로운 습관을 완전히 자기 것으로 만들려면 총 3개월 이상이 필요하다는 얘기이다. 위와 같이 습관에 관한 여러 학자의 연구 결과를 보더라도 행동을 바꾸고 좋은 습관을 만드는 것은 생각만큼 쉽지 않다는 것을 알 수 있다.

✔ 독서를 습관으로 만들기 위한 전략 4가지

첫째, 목표를 작게 세워야 한다. 시작부터 "올해는 100권을 읽어야지." 같은 엄청난 목표는 세우지 말아야 한다. 될 수 있으면 실행 가능한 작은 목표가 좋다. 처음에는 한 달에 2권, 하루에 30분 정도의 목표로 시작해야 계획이 성공할 수 있기 때문이다. 작은 계획으로 습관을 들이면 시간을 점점 늘릴 수 있고, 결국 100권의 책도 읽을 수 있다.

둘째, 결과보다 과정에 초점을 둬야 한다. 계단을 한 칸씩 오르듯, 매일 할당량을 두고 이를 성취하는 데 목적을 둬야한다. 가령 300페이지짜리 책은 6번으로 나눠 매일 50페이지씩 읽는다. 이렇게 하루 한 번의 성공을 맛보는 과정을 계속 즐겨야 한다.

셋째, 선행 요건을 명확히 해야 한다. 예컨대 일찍 일어나는 습관을 만들려면 일찍 자야만 한다. 독서도 다르지 않다. 독서를 하겠다면, 책 읽을 시간을 미리 비워 둬야 한다. 게다가 읽을 책도 미리 사둬야 한다. 책이 없어서, 혹은 시간이 없어서, 이런저런 핑계로 공백이 잦아지면 책과 점점 멀어질 수도 있다.

마지막으로 습관 유지에 방해되는 요소인 보틀넥(bottle neck, 병목현상)의 극복이다. 갑작스러운 업무 지시나 회식 등이 보틀넥에 해당한다. 이런 일이 주로 무슨 요일, 무슨 시간에 일어나는지 생각하고, 펑크 난 일과에 대한 대책을 미리 세워 둬야 한다.

매일 30분 독서 계획을 세웠지만, 갑자기 생긴 일로 실천을 하지 못하는 경우도 분명히 생긴다. 펑크 난 일정을 주말로 옮겨 보충을 꼭 해야 한다. 그래야만 독서가 습관으로 정착한다. 하지만 이것도 바람직한 방법은 아니다. 독신이 아니라면, 주말을 할애해서 혼자만의 시간을 갖는 것도 그렇게 쉬운 일이 아니기 때문이다. 이것에 대한 여러 가지 보충 방법을 준비해 두어야 한다.

"처음에는 우리가 습관을 만들지만, 그다음에는 습관이 우리를 만들어 준다."는 존 드라이든의 명언처럼, 습관 하나가 운명을 바꿀 수 있다는 사실을 잊지 말아야 한다.

4
책 읽기 좋은 환경 만들기

투자 없이 아무것도 얻을 수 없다. 공부든 일이든 세상에 공짜는 없다. 책을 읽기 위해서 우리는 뭔가 투자를 해야 한다. 먼저, 가장 쉽고, 효과 빠른 환경부터 개선할 필요가 있다. 이것을 위한 몇 가지 방법을 소개한다.

✓ 넓은 책상

제대로 독서를 하려면 넓고 튼튼한 책상이 필요하다. 여러 권의 책을 쌓기 위해서이다. 왜 이런 시도가 필요할까?

견물생심(見物生心)이란 말처럼 책상 위에 책을 쌓아두고 자주 보게 되면, 읽어야 한다는 생각이 저절로 생긴다. 게다가 책 제목을 자주 보면 그 책에 대한 거부감도 조금씩 사라진다. 나중에 이런 책을 읽게 되면, 편한 마음이 생기며 가벼운 마음으로 읽을 수 있다. 항상 봐왔던 책이기 때문에 가능한 일이다. 그래서 많은 책을 놓을 수 있는 넓은 책상이 필요하다.

책상을 살 때 색상도 중요하다. 색은 어두운 계통이 좋다. 책을 펼쳤을 때 시선을 책에 집중시킬 수 있기 때문이다. 책상을 수없이 바꿔본 결과, 검은색, 고동색, 진한 녹색이 독서에 대한 집중력을 높일 수 있었다.

✔ 잡지 책꽂이

커피숍, 미용실에 가면 신문이나 잡지가 잘 보이도록 진열된 책장이 있다. 이런 책장을 전면 책장 또는 잡지 책꽂이라고 한다. 누구나 이런 책장 앞에 서성이다가 무심결에 잡지 한 권을 들어본 경험이 있을 것이다. 견물생심(見物生心)이란 말은 여기서도 통한다. 표지와 제목이 눈에 쏙 들어오면 손이 쉽게 가기 때문이다.

〈커피숍에서 쉽게 볼 수 있는 세우는 책꽂이〉

이런 심리를 활용하는 곳이 많다. 커피숍, 미용실, 어린이집 등에서 흔히 쓰는 방법이다. 이 방법을 집에서 활용하면 어떨까?

가정에서 활용하려면 공간의 여유에 따라 여러 개를 두는 게 좋다. 그래야 책과 빨리 친해질 수 있다. 집의 규모에 따라 다르겠지만, 처음에는 2~3개 정도로 시작하는 것을 추천한다. 화장실 입구, 거실, 주방 근처가 적당하다.

✔ 편안한 의자

후루이치 유키오[12]는 "집에 공부 공간이 있고 장기간 공부할 예정이라면 제일 먼저 의자에 투자하라!"라고 추천했다. 혹시, 예산 문제 때문에 책상과 의자 중 하나를 골라야 한다면, 주저 없이 의자를 선택하는 것이 좋다.

---

12 1일30분, 인생 승리의 공부법55 /이레출판사

책상은 조금 좁아도 참을 수 있지만, 몸에 맞지 않는 의자는 통증을 일으키거나, 오래 앉아있기가 힘들기 때문이다.

✔ 최적의 조명

후루이치 유키오의 책에는 조명에 관한 얘기도 등장한다.

"오랜 공부 경험에서 볼 때, 공부할 때 스탠드의 조명은 빛이 너무 강하지 않은 고품질의 형광등을 사용해야 한다."

요즘 상황과 조금 거리가 있는 듯하지만, 형광등이 아닌 LED 조명으로 생각하면 그렇게 틀린 말도 아니다. 후루이치 유키오가 이렇게 말한 이유는 실내 온도 때문이다. "공부에는 두한족열(頭寒足熱:머리를 차갑게 하고 발을 따뜻하게 하면 건강에 좋다.) 상태를 유지하는 것이 중요하다."라고 하면서 백열등의 단점을 알려주었다. 요즘 나오는 LED 조명 역시 열 발산이 거의 없다.

독서를 오래 하려면 조명에 신경 써야 한다. 적당한 조명은 시력 보호와 집중력 향상에 도움이 된다. 게다가 공부방의 조명은 그림자가 없으면 더 좋다. 스탠드 조명이 양쪽으로 두 개가 있다면, 펜을 들고 메모를 하더라도 그림자가 생기지 않는다.

넓은 책상, 잡지 책꽂이, 편안한 의자, 최적의 조명 등······.

모든 것을 동시에 바꿀 필요는 없다. 하지만 장시간 책을 읽겠다면, 언젠가는 최적의 독서 환경을 만들어 줘야 한다.

5
매월 2권 독서

쾌적한 독서 환경을 만들었다면, 이제 독서 체력을 길러야 한다.

매월 2권 독서!

이 정도 목표라면 쉽게 생각하고 실행에 옮기는 독자가 분명 있을 것이다.

"깡다구로 밀어붙이면, 이 정도는 크게 어렵지 않겠지."

이렇게 말하면서 말이다.

하지만, 평생 해야 할 독서, 습관으로 만들어야 할 독서를 이런 방법으로 밀어붙이면 큰일 날 수도 있다. 시간이 흐를수록 독서의 양이 점점 늘어나기 때문이다. 그런 까닭에 처음부터 과학적이고도 효율적인 책 읽기 방법이 필요하다.

✔ 자신의 책 읽기 속도 알기

자신의 읽기 속도를 먼저 점검한다. 이 실험을 통해 자신의 책 읽는 속도를 알 수 있다. 물론, 이 실험의 취지는 속독을 부추기기 위함이 아님을 먼저 말해둔다.

※ 준비물: 책, 타이머

❖ 실험 1

1) 1분간 2페이지를 읽는다. (단, 펼친 양쪽 면에는 그림, 사진이 없어야 한다.) 평소 읽는 속도대로 읽으면 된다.
2) 1분이 되면 멈춘다.
3) 읽은 단어의 숫자를 세어 본다. (단어 사이 공백은 세지 않는다.)

읽은 단어의 수를 아래 괄호 안에 적어보자.

    실험 1 결과 : 나의 읽기 속도는 약 (   ) WPM이다.

이번에는 약간 다른 실험이다.

❖ 실험 2

1) 2페이지를 모두를 읽는다. (단, 펼친 양쪽 면에는 그림, 사진이 없어야 한다.) 평소 읽는 속도대로 읽으면 된다.
2) 걸린 시간을 확인한다.

소요 시간을 아래 괄호 안에 적어 보자.

    실험 2 결과 : 2페이지를 읽는 시간은 (   ) 분 (   ) 초 정도이다.

실험 1, 2 모두를 끝냈다면, 이제 당신의 읽기 속도를 알 수 있다. 측정 단위는 WPM[13](Word Per Minute)로 표기한다. 실험1, 2는 여러 번 할수록 정확한 값을 가진다. 이렇게 알게 된 속도로 책 한 권 읽는 데 필요한 시간을 미리 계산할 수 있다.

예를 들어 두 페이지 읽는데 2분 30초가 걸렸다고 하자. 250페이지 책을 읽는데 얼마만큼의 시간이 걸릴까? 실험1의 결과를 이용하면 쉽게 계산할 수 있다.

$$2 : 150초 = 250 : \chi$$

계산 값은 18,750초이다. 분으로 바꾸면 312분 30초, 즉 5시간 12분 30초가 소요됨을 예측할 수 있다.

두 번째는 여러 장으로 나눠진 책을 읽을 때, 활용 가능한 방법이다. 한 챕터(장)가 50페이지라면, 시간은 얼마나 걸릴까? 읽기 속도는 같다는 전제하에서 계산을 해보겠다.

$$2 : 150초 = 50 : \chi$$

결과는 62분 30초이다.

이 실험을 통해 정해진 시간당 읽을 책을 미리 구분할 수 있다. 시간당 읽을 분량을 정하면, 책을 끝까지 읽을 확률이 더 높아진다. 다음 장에 제

---

13 일반인들의 평균 읽기 속도: 중학생 160 WPM / 고등학생 170-180 WPM/ 대학생과 성인의 약 200 WPM

시된 본문[14]으로 실험 1·2를 해보자.

사실 집사에게 아직까지 못한 말이 있어 조금 미안했다. 언제부터	9
인가 권택주는 인성과 여만 두 사람에게 상단을 맡기려고 마음	18
먹었다. 인성의 명석한 머리와 여만의 도전적 성격이 하나로 뭉쳐	27
진다면, 세상 누구도 두려울 게 없을 거라 생각했다.	35
'그냥 말해 버려…….'	38
아직 때가 아니라는 생각에 입을 닫았다.	44
겨울이 다가올수록 염전은 쉬는 날이 많아졌다. 차가운 날씨에 해	53
가 늦게 뜨고 일찍 떨어지니 바닷물이 졸아들 틈이 없었다. 한창때	62
삼 일도 안 걸리던 함수 만들기가 이제 일주일도 버거웠다. 게다가	72
눈이라도 오면 열흘은 그냥 지나갔다. 장마철보다 조금 나았지만,	80
노는 날로 따져 보면 여름이나 겨울이나 별반 차이가 없었다.	89
권택주가 염전을 다녀간 후, 여만은 염전에서 완전히 발을 뺐다.	98
오전에는 십 리 밖에 있는 서당을 다녔다. 염전 집사 일은 점심을	109
먹고 난 후부터 시작해도 충분했다. 말이 일이지, 전과 비교하면	118
일도 아니었다.	120
집사 일을 처음 배울 때, 한자가 어려워 애를 먹었다. 다행히 염	131
전 일지에 쓰는 한자는 얼마 되지 않아 금세 배웠다. 일지를 적으	141
며 염전 한 바퀴 빙 돌고 나면 집사 일은 끝이 났다.	151
염전 일지에는 날짜, 날씨, 해가 뜨고 저문 시각을 적었다. 그 아	162
래에 각 염전마다 한 일과 일꾼 이름을 적었다. 남아 있는 땔감의	172
양, 염막에서 만든 소금 양을 맨 아랫부분에 적었다.	180

---

14 모래소금(2016/정종영/파란자전거)

천자문은 여만에게 첫 책이었다. 늦어도 여섯 살 정도에 배우는 천자문을 열세 살이 다 되어 시작했다. 여만과 또래 아이들은《논어》,《맹자》같은 책을 공부하며 과거 준비를 했다. 코흘리개 꼬마들과 같이 공부를 했지만 부끄러워하지 않았다.

늦게 배운 도둑질이 날 새는 줄 모른다고 여만은 같이 시작한 꼬마들보다 더 열심히 책을 보았다. 석 달 만에 천자문을 끝내자 꼬마 동기생들은 책거리하라고 여만을 졸랐다.

"형, 내일 떡 먹자!"

아우성치는 꼬마들의 짓궂은 요구를 뿌리치기 힘들었다. 여만도 어린 동기생들과 함께 떡을 먹으며 축하받고 싶었다. 문제는 돈이었다. 가진 돈이 없어 쉽게 답할 수 없었다.

"다음 주에 책거리 꼭 할게."

꼬마 동기생들을 겨우 달래 놓고, 서당을 도망치듯 빠져나왔다. 시간이라도 벌어볼 속셈이었다. 염전으로 돌아온 여만은 권 씨를 찾아갔다.

"저, 어르신 돈이 좀 필요한데 꾸어 주시면 안 될까요"

마음이 급했던 여만은 돈 얘기부터 꺼냈다.

'혹시? 아니야. 그럴 애가 아니야…….'

오랜 세월은 아니지만 적어도 지금까지 보아 왔던 여만의 모습과 사뭇 달랐다. 염전에서 먹여 주고 재워 주고, 거기다가 서당에 들어가는 수업료도 염전에서 주고 있었다. 권 씨는 여만에게 돈이 필요한 이유가 없다고 생각했다.

| 189 |
| 199 |
| 208 |
| 213 |
| 223 |
| 234 |
| 238 |
| 242 |
| 249 |
| 258 |
| 265 |
| 270 |
| 278 |
| 286 |
| 287 |
| 298 |
| 302 |
| 307 |
| 316 |
| 326 |
| 335 |
| 338 |

6
집중력 높이는 독서 방법

책 읽기에도 시간 관리가 필요하다. 앞에서 책 한 권 읽을 때 걸리는 시간 측정 방법을 배웠다. 게다가 하루 30분, 월 2권이란 목표도 이미 세운 상태이다.

이 단계에서 당신은 굳이 어려운 책이나 두꺼운 책을 선택할 필요가 없다. 입문 단계에서 가벼운 책으로 독서를 시작하는 편이 더 효과적이다. 200페이지 내외 분량이 적당하다.

✔ **집중력 향상 독서**

일단 200페이지짜리 책이 있고, 읽기 속도가 2페이지당 2분이 걸린다고 해보자. 이 속도로 책 한 권을 읽으려면, 대략 3시간 20분이 소요될 것이다.

이제 집중력을 높이는 책 읽기 방법을 배워야 한다. 휴식을 이용한 책 읽기 방법이다. 집중력은 휴식과 밀접한 관계가 있다.

※ 하루 30분 독서

15분 독서	5분 휴식	15분 독서

※ 하루 60분 독서

20분 독서	5분 휴식	20분 독서	5분 휴식	20분 독서

독서와 휴식을 병행한 방법이다. 휴식을 적절히 사용하면 집중력을 끌어올릴 수 있다.

✔ 집중과 휴식의 상관관계

일본 가노야 체육대학 교수인 고다마 미쓰오는 〈잘되는 나를 만드는 최고의 습관〉에서 집중과 휴식의 상관관계를 설명했다.

이 그래프[15]는 60분과 30분을 기준으로 집중력에 대한 실험 결과이다. 상단 그래프는 15분 휴식 후 60분의 작업 결과이고, 하단 그래프는 5분 휴식 후 30분 작업에 대한 집중력 테스트 결과이다.

두 그래프를 비교해 보면 30분 작업 뒤 5분 휴식하는 것이 60분 작업 후 10분 쉬는 것보다 더 높은 집중력을 발휘하는 것을 알 수 있다. 즉, 휴식을 잘 이용하면 집중력을 더 높일 수 있다는 뜻이다.

---

15 〈잘되는 나를 만드는 최고의 습관 / 고다마 미쓰오 지음 / 이동희옮김 / 전나무 숲〉

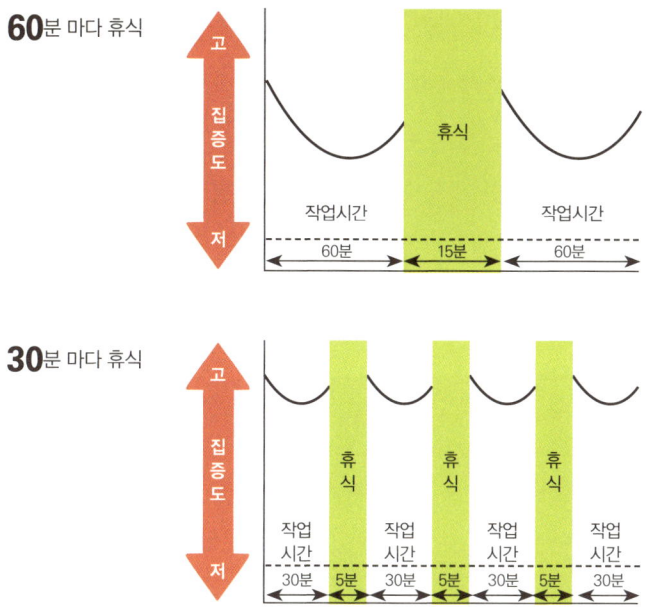

　미쓰오 교수는 "휴식도 잘게 쪼개면 집중력은 자연스럽게 높아진다." 라는 결론을 제시했다. 물론, 미쓰오 교수가 독서에 이 방법을 적용한 것은 아니므로 필자 스스로 별도의 실험을 다시 해보았다. 여러 학생에게 30분 단위로 책을 끊어서 읽고 5분 정도 쉬는 것과 60분을 읽고 10분을 쉬는 것을 비교했다. 책 읽는 시간도 10분에서 60분까지 차등을 두면서 다양한 실험을 해보았다.

　그 결과, 20~30분 독서와 5분 휴식을 병행하는 것이 가장 효율적이라는 결과가 나왔다. 다시 말해, 짧게 읽고, 짧게 쉬는 것이 집중력을 더 높일 수 있었다. (책에 대한 기억, 이해, 정리, 끝까지 책을 읽을 확률 등)

　이 방법을 독서에 적용할 때, 시간 배분이 아주 중요하다. 처음에는 15분부터 시작하는 것이 좋다. 이렇게 하면서 5분 단위로 시간을 조금씩 늘려야 한다. 이 훈련의 목적은 '집중력 유지'에 있다.

초반 집중은 몰입에 도움을 준다. 초반 몰입에 성공하면, 책은 한 자리에서 끝낼 수도 있다. 그래서 집중력을 높이는 훈련이 필요하다. 이런 즐거움이 지속해서 쌓이면 책과 친해지는 속도도 점점 빨라지며, 독서가 습관으로 정착하는 데 큰 도움이 된다.

✔ 준비 운동 후 독서 시작하기

이렇게 준비가 끝났다면, 책 읽기를 시작해보자. 방법은 간단하다. 여기서 당신의 목표는 하루 30분, 매월 2권이라는 사실을 꼭 기억해야 한다.

※ 책 읽기 준비 운동
① 읽을 책의 분량 표시 : 책 전체를 하루 15분(또는 30분)으로 나누고 포스트잇으로 구분한다.

〈독서시간을 플래그 인덱스 탭으로 구분한 책〉

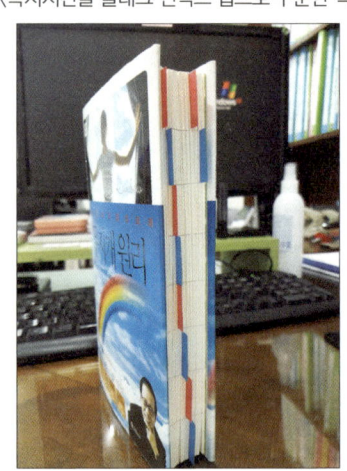

② 전용 타이머를 준비한다. 전용 타이머는 뽀모도로 시계를 권장한다. 뽀모도로란 이탈리아어로 토마토를 뜻한다. 이탈리아의 대학생인 프란체스코 시릴로가 토마토 모양으로 생긴 주방용 시계를 이용해서 효과적인 시간 관리법을 만들어 냈다. 스파게티 면을 삶는 방법에서 이 원리를 찾아냈다.

뽀모도로의 원리는 매우 간단하다. 25분간 집중해서 일하고, 5분간 휴식을 반복하는 원리이다. 토마토 모양으로 생긴 뽀모도로 시계를 인터넷 쇼핑몰에서 구매할 수도 있지만, 앱스토어에서 내려받아 쓰는 것이 더 효율적이다. 무료인 장점도 있지만, 시간을 자유롭게 설정할 수 있기 때문이다.

〈뽀모도로 시계 앱〉

③ 평소처럼 책을 읽는다.
④ 책을 읽은 후, 〈독서 습관 체크 리스트〉에 기록한다.
⑤ 책 읽는 장면이나 책표지를 SNS에 올린다. 독서를 시작했다는 사실을 주변에 알리는 것도 동기부여에 많은 도움이 된다.

독서 습관 체크 리스트

20 . . 주차

NO	내용	월	화	수	목	금	토	일
1	매일 30분 독서							
2	책 휴대하기							
3	방해 요소 멀리하기							
	- TV							
	- 스마트폰							
4	빨간 펜 독서							

※ 빈 곳에 다른 항목을 추가할 수 있다.

7
책 읽기도 과속은 금물!

　모티머 애들러의 책 〈생각을 넓혀주는 독서법〉에서 속독에 대한 문제점을 이렇게 표현했다.

"진짜로 분당 15,000단어의 속도로 소설을 읽어요?"
"물론 할 수야 있지요. 그런데 누가 그렇게 하고 싶겠어요?"
　앞에서 자신의 책 읽기 속도 실험을 해 보았다면, '분당 15,000단어의 속도'가 얼마나 빠른지 실감할 수 있을 것이다. 과연, 이 속도로 책을 제대로 읽을 수 있을까?

✔ 속독의 유혹

　책의 맛을 알기 시작하면, 책에 대한 욕심이 자연스럽게 생기게 마련이다.
"시간은 없고, 책은 더 읽고 싶고……."
　이런 말을 하면서 책장을 더 빠른 속도로 넘기지만, 책은 그렇게 호락호락 잘 넘어가지 않는다. 속도를 높여도 책을 이해하는 데에 큰 도움이 되지 않기 때문이다. 〈생각을 넓혀주는 독서법〉에서도 이것에 대한 이유를 자세히 설명했다.

속독은 다시 말해, 기초 이해력, 즉 책에 무엇이 쓰여 있는가를 이해하는 데 도움이 된다. 그러나 의미를 이해하는 데는 별 도움이 되지 않는다. 속독 강의를 들어서 손해 볼 건 없지만, 그다지 도움도 되지 않을 거라는 얘기이다.

다시 말해, 책을 빨리 읽는 것은 밥 먹는 것과 비슷하다. 밥을 빨리 먹는다고 해서 좋을 게 뭐가 있을까? 속이 답답하거나, 체하기만 할 뿐, 아무 도움도 되지 않는다.

책도 마찬가지이다. 책도 밥처럼 될 수 있으면, 천천히 읽으면 좋다. 하지만, 이런 충고 역시 일부에게는 오히려 잔소리로 들릴 수 있다. 천천히 읽으라고 해도 속독의 유혹에서 벗어나기란 그렇게 쉬운 일이 아니기 때문이다.

이번에는 반대로 속독을 권장하는 책을 잠깐 살펴보자.

보통 속독법이라고 하면 눈동자를 빨리 움직여 시폭을 넓게 하는 것이다. 한 번에 3~4줄을 동시에 읽을 수 있고, 훈련을 더 하면 한 번에 볼 수 있는 줄의 수가 늘어난다. 그러나 진정한 고수는 읽지 않고 한 페이지 전체를 이미지화하여 본다.[16]

'한 페이지 전체를 이미지화하여 본다'는 문장이 아주 매력적으로 다가온다. 이미지화란, 사진기처럼 대상을 찍어보는 것을 말한다. 사람의 눈은 사진기처럼 풍경을 찍어낼 수 있는 능력을 가졌다.

---

16 〈48분 기적의 독서법〉

〈산 정상에서 한눈에 아래를 바라볼 수 있다〉

✔ 'view(보다)'와 'read(읽다)'의 차이

고개를 돌려 먼 산을 바라보자. 아니면 화단에 핀 꽃을 살펴봐도 좋다. 당신의 눈은 산이나 꽃을 아주 자연스럽게 볼 수 있다. 하지만 산의 정확한 모습이나 그 속에 있는 나무 한 그루까지 제대로 볼 수 없다. 그리고는 "산을 보았다."고 말한다. 이제 책을 펼쳐 본문의 내용을 꼼꼼히 읽어보자. 이런 행동 역시 "책을 보았다."라고 한다.

이 둘은 똑같이 '보다'라고 할 수 있지만, 엄밀하게 따져보면, 'view(보다)'와 'read(읽다)'의 차이로 해석할 수 있다.

다시 속독으로 돌아가서, 사진을 찍듯 책을 한번 읽어보자. 과연 책의 내용 중 몇 퍼센트나 읽어올 수 있을까? 엄밀하게 말해 이것은 'read(읽다)'가 아닌 'view(보다)'라는 행위이다. 이렇게 읽다 보면 책에 대한 두려움이 반드시 생기게 된다. 속도가 빨라지면 이해하지 못하고 넘어가는 부분이 점점 늘어나기 때문이다. 제대로 읽지 못한 채 넘어가는 곳이 많아지면, 책은 점점 지겨워질 수밖에 없다. 얼마 후, 독자는 책을 덮고 말 것이다. 과장이 너무 심하다고 생각할 수도 있겠지만, 이것은 결코 틀린 얘기가 아니다.

독서는 산을 오르는 것처럼 천천히 한발 한발 놓아야 한다. 그래야 지치지 않고 정상까지 오를 수 있다. 대부분의 사람은 등산하면서 정상 탈환을 목표로 하지 않는다. 자연을 벗 삼아 경치를 보면서 천천히 산을 올라야 재미도 있고, 운동도 된다.

책 역시 천천히 읽으면서 저자의 생각으로 들어가 보고, 그 속에서 뭔가 발견해야 한다. 빠른 속도로 읽는다면, 조사나 행간의 의미 모두를 놓치기 때문이다. 분당 15,000단어의 속도로 책을 읽을 이유가 없다면, 천천히 읽는 것이 최고의 방법이다.

가장 이상적인 읽기 방법은 빨리 읽는 것이 아니다. 책이란 다양한 속도로 읽을 줄 알아야 하며, 언제 속도를 다르게 해야 하는지 스스로 판단할 수 있어야 한다.

8
빨간 펜 독서

21세기를 살아가는 한국인은 너무 바쁘다. 그래서인지 몰라도 언젠가부터 한국 사람의 특징 중 하나로 '빨리빨리'를 말한다. 하지만 독서만큼은 이런 말을 듣지 말았으면 좋겠다.

필자는 속독을 반대한다. 물론, 아무 대책 없이 무턱대고 속독을 반대하는 것은 아니다. 필자도 어느 정도의 과속은 하기 때문이다.

이제부터 필자가 사용하는 방법 하나를 소개하겠다. 바로 빨간 펜 하나만 있으면 가능한 '빨간 펜 독서'이다. 미리 말하지만, '빨간 펜 독서'는 특별한 기술과 훈련을 요구하지 않는다. 평소처럼 읽으면서 빨간 펜 하나만 사용해도, 독서의 속도를 충분히 끌어올릴 수 있다.

모티머 애들러 역시 〈생각을 넓혀주는 독서법〉에서 필자와 비슷한 방법을 소개했다.

> 엄지손가락과 집게, 가운뎃손가락을 붙여 책 위에 올려놓고 책 읽듯이 이쪽 끝에서 저쪽 끝으로 움직인다. 이때 눈으로 따라갈 수 있는 속도보다 약간 빠르게 손을 움직이고, 눈은 손을 따라간다. 이렇게 읽으면, 손의 움직임 속도만큼 빠르게 읽을 수 있다. 꾸준히 연습하면서 손가락 이동 속도를 조금씩 높이면, 정독을 하면서도 빠르게 책을 읽을 수 있다.

손가락을 이용해서 책을 읽으면 눈의 움직임이 빨라진다. 이것을 응용한 방법이 바로 '빨간 펜 독서'이다. 손가락 대신 우리는 빨간 펜을 이용한다. 이 방법을 사용하면 손가락을 이용할 때보다 집중력이 더 높아지며, 움직이는 속도만큼 읽기도 빨라진다.

※ 빨간 펜 독서법의 장점
① 눈이 밑줄 긋는 속도에 맞춰 빨리 움직인다.
② 읽었던 문장을 다시 읽는 것을 방지한다.
③ 문장에 더욱더 집중하게 한다.
④ 읽다가 중요한 문장을 찾았을 때, 빨간 펜을 이용해서 표시할 수 있다.

사실 ①, ②는 손가락을 이용할 때와 크게 다르지 않다. 하지만 ③의 경우에 조금 차이가 있다. 빨간색은 손가락보다 집중력을 더 높여주기 때문이다. 게다가 ④의 경우, 책에 중요 표시를 바로 할 수 있다는 장점도 있다.

이 방법으로 읽는다면, 속독을 배울 필요가 없다. 이 방법만 적용해도 책 읽기 속도는 매우 빨라지기 때문이다. 여기서 '책 읽기 속도 실험 1, 2'를 다시 해 본다면, 달라진 속도를 체감할 수 있을 것이다.

자동차도 과속하면 안 되듯, 책 읽기도 과속은 금물이다. 지금 당장 빨간 펜을 잡고 평소 읽는 것보다 조금만 더 빠르게 읽어보자.

✔ 책을 내 것으로 만드는 방법

'빨간 펜 독서' 순서 중 네 번째 방법을 다시 살펴보겠다.

④ 읽다가 중요한 문장을 찾았을 때, 빨간 펜을 이용해서 표시할 수 있다.

빨간 펜을 더 효율적으로 활용하는 방법이다. 이 방법 역시 모티머 애들러의 〈생각을 넓혀주는 독서법〉에서 강조한 내용이다.

① 밑줄 긋기: 요점, 중요하거나 강조하는 문장에 밑줄 친다.

〈중요한 곳에 빨간 펜을 긋고 체크 표시를 남긴다〉

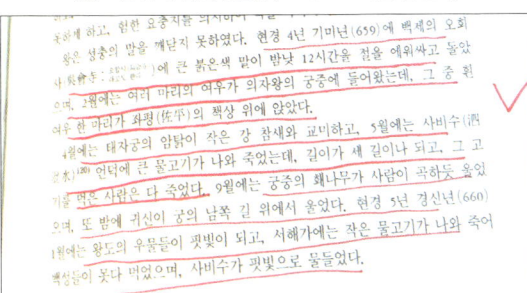

② 옆줄 긋기: 밑줄 친 부분을 강조하거나 줄 치고 싶은 부분이 길 때 그 옆에 줄을 친다.

③ 중요 표시, 별표, 네모 박스: 중요한 부분을 강조할 때 사용한다. 이런 곳은 한쪽 끝을 접기[17]나 메모지를 붙여 둔다. 문장을 읽으면서 중요한 문구(키워드)는 네모 박스를 친다.

〈중요한 곳에 별표를 하고, 책장 한 쪽 끝을 접기도 한다〉

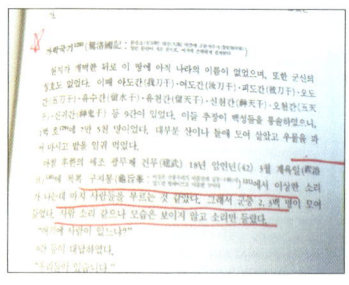 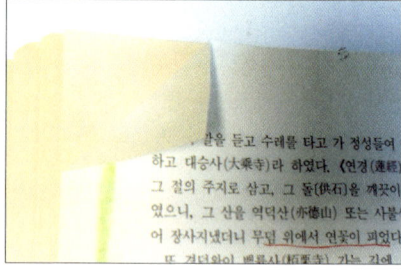

④ 여백에 숫자 쓰기: 저자가 이야기하는 내용이 연속적으로 전개 될 때 번호를 매긴다.

⑤ 다른 페이지 수 써넣기: 저자가 같은 내용이나 대조적인 내용을 말할 때, 관련 부분을 표시한다. 이렇게 하면 흩어진 내용을 연결해 놓을 수 있다.

⑥ 동그라미 치기: 밑줄 긋기와 비슷한 기능이다. 주제어(핵심 단어)나 주요 문단에 동그라미를 친다.

이렇게 6가지 방법으로 책을 괴롭혀야 한다.

---

17 Dog ear : 책장 접은 곳을 도그이어(Dog ear)라고 부른다.

책 읽기 팁 – 새 책이라 자꾸 넘어가요.

뻣뻣한 새 책은 손으로 한쪽 면을 잡든지 아니면 묵직한 물건으로 고정하지 않으면 자꾸 넘어가 버린다. 물론, 독서대가 있으면, 이런 불편함은 어느 정도 해결할 수 있다. 하지만, 항상 책을 휴대해야 하는 상황이라면 독서대까지 함께 가지고 다니는 것이 아주 불편한 일이다. 이럴 때 요긴하게 쓰는 방법이 바로 '집게'이다.

〈책을 볼 때 – 책갈피로 쓰면 쉽게 고정할 수 있다. 독서 할 때, 집게 클립을 열어둔다〉

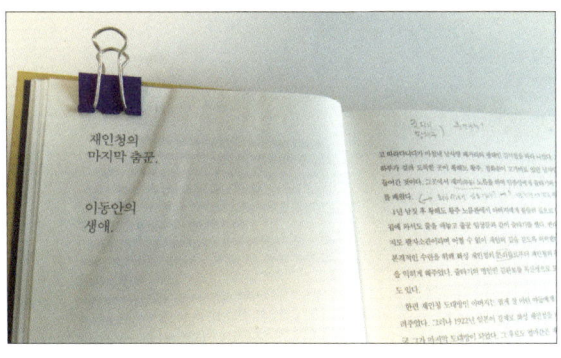

〈책을 안 볼 때 – 집게 클립을 닫는다. 다음 읽을 곳을 쉽게 펼칠 수 있다〉

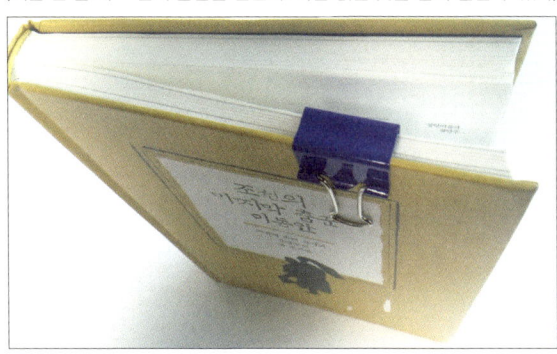

9
어떤 책을 읽어야 하는가?

지금까지 독서 환경, 책 읽는 방법에 대해 알아보았다. 이제 '무슨 책을 읽을 것인가?'에 대해 살펴볼 차례이다.

✓ 자신이 읽었던 책 기억해보기

이제부터 독서의 수준을 조금 높일 단계이다. 먼저, 최근 3년간 읽은 책 제목을 떠올려보자. 책 제목이 정확하지 않다면, 인터넷으로 검색을 해도 좋다. 혹은 책장에 꽂힌 책을 보면서 아래 빈 양식에 자신의 북히스토리를 채워보자.

나의 북 히스토리

no	책 제목	저자	역자	출판사
1	성공의 문을 여는 마스터키	찰스해낼	김우영	샨티
2	성과를 향한 도전	피터 드러커	위정현	간디서원
3	얼굴경영	주선희		동아일보사
4	감정노동의 진실	김태홍		올림
5	설득의 심리학	로버트 치알디니	이현우	리세기 북스
6	내 인생 내가 선택하며 산다	웨인 W 다이어	권도갑	을유문화사
7	아트스피치	김미경		리세기 북스
8	당신의 경쟁자와 점심을 먹어라	마크 딕틀 죠스	이상원	갈매나무
9	내 안에서 나를 만드는 것들	애덤스미스	러셀 로버츠	세계사
10	세일즈 끝내기 기법	브라이언 트레이시	서기만	비즈니스랩
11	부모라면 유대인처럼	고재학		예담
12	마음밭을 맑기	기시미 이치로 고가 후미타케	전경아	인플루엔셜
13	당숨하게 조금 느리게	한수산		해냄
14	꿈 너머 꿈	고도원		나무생각
15	맑고 향기롭게	법정스님		조화로운 삶
16	아프니까 청춘이다	김난도		쌤앤파커스
17	괜찮다, 다 괜찮다	공지영		(주)양마
18	머리에서 가슴까지 가는 길이 가장 멀다	김이율		함께 Books
19	나는 오늘도 나를 응원한다	마리사피어	이수경	비즈니스북스
20	하버드대 5교주 행복연습	탈벤-샤하르	서윤정	위즈덤 하우스
21	천장을 흔들어야 어른이 된다	김난도		문학동네
22	행복한 직장을 만드는 힘 '청소력'	마쓰다미쓰히로	우지형	나무한그루

나의 북히스토리

no	책 제목	저자 / 역자	출판사	비고

✔ 자신이 읽었던 분야 확인하기

〈나의 북히스토리〉를 보면서 자신이 읽었던 책이 어떤 분야인지 확인해 볼 필요가 있다.

분　야
☐ 소설
☐ 시/ 에세이
☐ 경제/ 경영
☐ 자기계발
☐ 인문
☐ 역사 / 문화
☐ 종교
☐ 정치 / 사회
☐ 예술 / 대중문화
☐ 과학 / 기술 / 공학 / IT
☐ 아동문학(동화, 동시)
☐ 가정 /육아
☐ 건강/ 여행 / 요리 / 취미 / 스포츠
☐ 기타

이 결과를 보면서, 지금까지 읽었던 책의 종류를 가늠할 수 있다. 이것을 보면서 당신의 관심사, 성향을 알 수 있다.

아마 모든 항목에 표시한 사람은 거의 없을 것이다. 대부분의 독자는 특정 분야의 책을 주로 읽기 때문이다. 여기에 나열된 항목(분야)은 대형서점에서 볼 수 있는 분류 방법이다. 도서관은 이것과 조금 다른 한국십진분류표(KDC)를 사용한다. 이런 분류표를 살펴보면서, 앞으로 당신이 관심을 가져야 할 분야를 생각해 볼 필요가 있다.

유별	주제
000(총류)	서지학, 도서관학, 정보과학, 백과사전, 연감, 사전, 신문, 논문집, 컴퓨터(소프트웨어), 향토자료 등
100(철학)	형이상학, 동양철학, 서양철학, 논리학, 심리학, 윤리학 등
200(종교)	비교종교학, 불교, 기독교, 도교, 천주교, 회교, 기타종교 등
300(사회과학)	통계학, 경제학, 사회학, 사회문제, 정치학, 법학, 교육학, 풍속, 민속학, 국방, 군사학 등
400(순수과학)	수학, 물리학, 화학, 천문학, 지학, 광물학, 생명과학, 식물학, 동물학 등
500(기술과학)	의학, 농업, 농학, 일반 공학, 공업, 건축공학, 기계공학, 전기공학, 전자공학, 화학공학, 제조업, 가정학, 가정생활 등
600(예술)	건축술, 조각, 공예, 서예, 회화, 사진, 음악, 연극, 오락, 운동 등
700(언어)	한국어, 중국어, 일본어, 영어, 독일어, 프랑스어, 스페인어, 이탈리아어, 기타 언어 등
800(문학)	한국문학, 중국문학, 일본문학, 영미문학, 독일문학, 프랑스문학, 스페인문학, 이탈리아문학, 기타 문학
900(역사)	아시아, 유럽, 아프리카, 북아메리카, 남아메리카, 오세아니아, 양극지방, 지리, 전기 등

10
수준에 맞는 책

"세월이 약이다."라는 말처럼 많은 것은 시간이 흐르면서 해결되기도 한다. 하지만 그렇지 않은 것도 있다. 특히, 독서 능력은 시간이 흐른다고 해서 절대 나아지지 않는다. 제대로 된 방법으로 꾸준히 노력해야 독서의 수준을 높일 수 있다. 독서는 독해(讀解)능력과 관련 있기 때문이다.

독서는 높은 산을 오르는 등산과 비슷하다. 뛰어서는 결코 올라갈 수 없으며, 천천히 한 걸음 한 걸음 내디뎌야 정상에 오를 수 있다.

앞에서 당신은 최근 3년 동안 읽은 책을 적어보았다. 학습서, 참고서가 아니라면 책 대부분은 충동적, 무의식적으로 선택하지 않았을까? 물론, 베스트셀러라서, 아니면 고전이라서 책을 구입한 경우도 더러 있을 것이다.

스티브 레빈의 〈지식을 경영하는 전략적 책 읽기[18]〉에서 베스트셀러, 명작, 고전에 대해 솔직하게 털어놓은 의견을 찾을 수 있었다.

> 1970년대 영국의 산업사회가 어린이들을 상대로 노동을 착취했다면, 지금의 학생들은 생각을 강요받고 있다고 한다. "일단 명작이라는 결론 즉, 베스트셀러, 명작, 고전이라는 평가가 내려진 책에 대해서는 쉽게 비판, 평가와 반대되는 표현을 하기 힘들다."라고 한다.

---
18 지식을 경영하는 전략적 책 읽기 / 스티브 레빈 / 송승하 역 / 밀리언하우스

베스트셀러, 명작, 고전이라는 평가 하나만으로 무턱대고 책을 구입해서 읽은 경험!

스티브 레빈의 말처럼, 모두 좋다고 평가하는 책에 대해 속으로 끙끙 거리며 아무 말도 못 한 채 속으로 벙어리 냉가슴 앓았던 기억에서 이제 벗어나야 한다. 책은 스스로 읽고 스스로 평가하면 그만이다. 타인에게 좋은 책이 반드시 당신에게 좋다는 법은 세상 어디에도 없다.

✔ 입문단계 : 독(讀) 단계에서 읽어야 할 책

앞서 말한 바와 같이 독서는 다양한 분야로 아주 천천히 영역을 넓혀야 한다. 특히, 인문, 고전, 문학 장르의 독서는 개인의 지적 성장과 관련된 아주 중요한 영역이다. 하지만, 이런 장르의 책은 생각보다 쉽게 읽히지도 않을뿐더러 읽었다고 해도 이해하기가 쉽지 않다. 결국, 독해의 능력, 책에 대한 이해, 독서의 습관에서 수준의 차이가 있어서 발생하는 결과이다.

우리는 이런 목표를 위해 조금씩 단계별로 영역을 넓혀야 한다. 특히, 입문단계인 '독(讀) 단계'에서 책에 대한 즐거움을 만끽하지 않으면, 전문가 단계까지 쉽게 갈 수 없다.

'천릿길도 한 걸음부터'라는 말처럼 천천히 하나씩 정복해 나가면 높은 산 정상까지 누구나 도달할 수 있다.

입문 단계에서 어떤 책을 읽어야 할까? 이 책은 자기계발이 필요한 성인을 대상으로 하지만, 여기서 권장하는 추천 장르는 셀픽션, 장편동화, 수필, 시 같은 짧은 글이다.

✓ 셀픽션

　형식을 변형시킨 자기계발서이다. 소설의 탈을 쓰고 태어나 '셀픽션(selfiction)'이란 이름이 붙었다. 자기계발(self help)과 소설(fiction)이라는 분야를 접목해 만든 형태이다.

　셀픽션은 자기계발서의 딱딱한 이론 설명과 사례를 설명이 아닌 스토리를 통해 주제를 끌어간다. 즉, 소설 형식을 빌려 이야기를 만들고 주인공을 통해 말과 행동으로 뭔가를 보여준다. 일반적인 자기계발서보다 훨씬 더 재미있게 읽을 수 있다.

　이런 장점 덕분인지 셀픽션은 아주 빨리 읽을 수 있다. 독서를 막 시작하는 사람에게 추천할 만한 분야이다.

　독서 초기에는 책 한 권을 제대로 다 읽었다는 성취감을 맛보는 것도 상당히 중요하다. 이런 성취감을 이용해서 점점 두꺼운 책으로 옮겨갈 수 있다.

　독서 습관의 정착과 지속적 긍정 에너지의 발산! 이런 장점 때문에 '셀픽션'을 입문단계 추천 장르로 선정했다.

✓ 장편동화

　아이가 아닌 성인에게 "동화책을 읽어라."라는 말을 해 주고 싶다. 성인이 되면 동화책을 무시하는 경향이 있다. 하지만 동화책은 읽기 수준을 어린이 눈높이에 맞춰 놓았을 뿐, 내용까지 저급하다고 생각하면 아주 큰 잘못이다. 여기서 동화책이란 고학년 장편동화를 말한다. 이런 장편동화는 그림을 포함해서 대략 150~250페이지 내외 분량이고, 글씨도 조금 큰 편이다.

동화책을 읽어야 하는 이유는 수없이 많지만, 가장 중요한 몇 가지만 살펴봐도 설명은 충분하다.

① 읽기 편하다. 책 읽기 입문과정에서 동화책보다 더 좋은 것이 없다. 대략 1~2시간 이내로 재미있게 읽을 수 있어서 이것을 통해 독서 습관을 정착시킬 수 있다.
② 흥미와 교훈을 준다.
③ 문장력을 높이는 데 최고 효과를 발휘한다. 동화 속의 문장은 대부분 '동시의 집합'라고 할 정도로 아름답다. 좋은 표현도 많지만, 읽을 때 리듬을 느낄 수 있다. 동화 문장은 대부분 짧다. 이런 문장을 자주 접하고 익히면 바른 글쓰기 공부에 도움이 된다. 특히, 문장이 짧다는 것은 매우 중요한 장점 중 하나이다. 작문에서 단문 쓰기가 가장 어렵기 때문이다. 짧은 문장을 쓸 수 있다면, 긴 문장도 쉽게 쓸 수 있다. 그래서 짧은 문장 위주인 동화를 통해 단문 쓰기를 익혀야 한다.
④ 같은 동화책을 부모와 자식이 본다면, 가족 간의 대화거리가 생긴다. 또한, 아이가 책을 제대로 읽었는지 확인할 수 있어서 자녀에게 책 읽기 지도를 할 수 있다. 물론, 이 과정에서 자녀의 책 읽기는 더 꼼꼼해진다. 부모와 대화하기 위해 아이는 책을 더 자세히 읽을 수밖에 없기 때문이다.

같은 책이라도 어른과 아이가 느끼는 생각이 다르다. 같은 사물이라도 다른 수준에서 보면 해석이 달라지기 때문이다. 서로의 생각을 비교하면 할수록 많은 장점이 따라온다. 가족끼리 이해의 폭을 좁힐 수도 있고, 서로의 다름을 인정하면서 사고의 깊이도 점점 넓어진다.

많은 성인에게 동화책을 권해 보았다.

"동화가 진짜 이 정도일 줄 몰랐어요!"

"생각보다 내용이 단순하지는 않네요. 제가 읽고도 많은 것을 배웠어요."

몇몇 의견만 옮겨보았지만, 모두가 신기해할 만큼 반응이 굉장했다. 믿지 못하겠다면, 당장 필자의 역사 동화 〈모래소금〉을 한번 읽어 보기 바란다. 조선 시대 소금제조에 관한 장편동화이다.

✔ 수필[19]

"수필(미셀러니)은 동양적인 에세이요, 에세이는 서구적 수필이다."

수필문장론으로 수필문학사에 큰 그림자를 드리운 윤오영 선생의 말이다. 다시 말해 지적·논리적인 수필은 에세이, 정적·경험적인 수필은 미셀러니로 구분한다.

수필의 특징을 잠깐 살펴보자. 아마 학창시절에 수없이 들었던 내용일 것이다.

---

19 글쓰기 표현사전 / 장하늘/ 다산초당에서 일부 인용

수필의 소재는 무궁무진하다. 학술, 예술 분야에서부터 우리의 삶까지 다양한 분야를 다루기 때문이다. 게다가 다른 장르에 비해 많은 자유가 허용된다. 그런 까닭에 '무형식의 형식'이라 할 만큼 아주 자유롭다. 유머·위트·역설·반어 등 갖가지 기교를 구사할 수 있고, 시점 또한 자유롭다. 산문 중에서도 분량이 아주 짧은 편에 속한다. 200자 원고지 10매 정도면 충분하기 때문이다.

'독' 단계에서 수필을 읽어야 하는 까닭은 바로 분량과 재미 때문이다. 수필은 유머·위트·역설·반어 등 같은 기교로 독자에게 재미를 준다. 가슴이 뭉클해지는, 혹은 은은한 미소를 지을 수 있는 그런 재미가 수필을 읽는 맛이다. 게다가 아주 짧은 글이기 때문에 10~20분만 투자해도 한 편의 글을 끝낼 수 있다.

'독' 단계에서 독서의 맛을 느껴야 한다. 스스로 한 편의 글을 읽었다는, 한 권의 책을 끝냈다는 그런 작은 성취감을 계속 맛봐야 독서에 재미를 들일 수 있다.

✓ 시

시는 상상력을 발휘하여 인간의 사상과 정서를 함축적이고 운율이 있는 언어로 압축하여 표현한 문학 양식이다. 이런 이유로 인해 시어(詩語)는 정감적인 효과를 자아내며, 다의성, 암시성, 상징성을 가진다.

시를 읽다 보면 시의 언어에서 느껴지는 말의 가락, 즉 운율(rhythm)을 느낄 수 있다. 머릿속에는 어떤 느낌이나 모습, 즉 심상(image)이 떠오른다. 이것을 통해 독자는 시를 통해 전달하고자 하는 시인의 생각과 정서를 느끼게 된다.

　짧지만 강한 글, 바로 이것이 시가 가진 힘이다. 짧은 시 한 편을 읽었지만, 한 권의 책만큼 고뇌와 감동을 얻을 수 있다.

　시의 이런 특징을 '독' 단계에 활용하는 것이다. 짧은 글이지만, 수필과 마찬가지로 완성도 있는 충분한 감동과 생각 거리를 얻을 수 있다. 게다가 시는 앞에서 나열한 셀픽션, 장편동화, 수필과 같은 산문이 아닌 운문에 해당한다. 책도 편식하면 안 되듯, 운문·산문도 골고루 읽는 것이 바람직하다.

11
책을 편식하지 마라

'다양한 책을 읽는다는 것'은 낯선 경험이 될 수도 있다. 게다가 한 편으로 두렵고 다른 한 편으로는 취향에 안 맞는 고통일 수도 있다.

책을 처음 접한 성인들은 자기계발서를 주로 찾는다. 내용도 쉽고, 뭔가 실천하면 이뤄질 수 있다는 믿음을 주기 때문이다. 하지만 읽으면 읽을수록 가슴에서 끓어 오르는 욕구를 자기계발서가 다 채워주지 못한다. 이것이 바로 지적 욕구이다.

분명 자기계발서를 읽었는데, 가슴 한구석에서 지적 욕구가 왜 끓어오르는 것일까? 여러 이유가 있겠지만, 이것은 저자가 가진 지적 영향력에서 원인을 찾을 수 있다. 자기계발서를 쓴 저자는 책을 쓰기 위해 다양한 분야를 경험하고, 많은 책을 읽었을 것이다. 이런 것들이 책 속에 고스란히 스며들었기 때문에 독자는 지적 욕구를 발산하게 된다.

여러 분야의 다양한 책을 왜 만나야 할까?

넓어진 분야만큼 사고의 깊이가 달라지기 때문이다. 아는 만큼 볼 수 있다는 말은 여기서도 적용된다. 여러 분야를 알게 되면, 한 가지 사물이라도 여러 관점에서 생각할 수 있다. 게다가 한 분야만을 고집하는 매너리즘에서 벗어날 수 있다. 이런 점은 개인 생활뿐 아니라 사회생활 전반에 영향을 미친다.

편협한 사고를 가진 사람을 '외골수', '샌님', '꼴통'이라 한다. 남의 말을 듣기 싫어하고, 자기 말만 하는 부류이다. 이런 사람은 자기가 정확히 모르는 것에도 한 가지 논리만 내세우며 자기주장이 옳다고 끝까지 밀어붙인다.

한 가지 논리에 빠진다는 것은 아주 위험한 발상이다. 책도 이것과 다르지 않다. 한 분야를 정복했다면, 이제 다른 곳으로 눈을 돌려야 한다. 처음 재미를 붙이고 습관을 들일 때에는 자신이 좋아하는 분야가 좋을 수도 있다. 하지만 내면의 성숙과 지적 영역의 확장을 위해 여러 분야로 영역을 넓혀야 한다. 성장기 때 분유가 필요한 것이지, 성인이 되면 다양한 음식이 필요한 것과 같은 맥락이다.

✓ 서점 기웃거리기

책장에 책이 가득하다. 선물로 받은 책, 서점에서 산 책, 홈쇼핑에서 구매한 전집류, 출판사나 저자에게 선물 받은 책…….

이 중에서 손이 가는 책은 딱 정해져 있다. 바로 서점에서 꼼꼼히 살펴보고 자기 돈으로 산 책이다. 특히, 이런 책은 대접도 확실히 다르다. 사자마자 읽거나, 시간 날 때 바로 읽을 수 있도록 눈에 잘 띄는 곳에 두기 때문이다.

같은 책인데……, 왜 이런 차이가 발생할까?

물론 여러 이유가 있겠지만, 아마 비용 지급의 문제가 아닐까 생각한다.

서점에서 당신은 책 하나를 고르기 위해 많은 고민을 하게 된다. 게다가 그 과정에서 상당한 시간을 투자한다. 이런 결정이 끝나면, 이제 지갑을 열어 책값을 지불한다. 당신은 책 한 권을 고르기 위해 시간과 비용을 지불했다.

반대로 도서관에서 빌린 책은 어떠한가? 도서관에서 책을 빌릴 때, 마구잡이식으로 그것도 최대한 많이 빌리기 위해 노력한 경험이 있을 것이다. 이렇게 해서 모두 읽고 반납한 기억이 있는지 생각해 보자. 앞의 사례와 비교하면 결과의 차이는 상당할 것이다.

책을 선택할 때 시간과 비용의 투자가 필요하다.
〈독서력〉을 쓴 사이토 다카시 교수는 많은 사람에게 "서점에 가서 주머니를 털어 책을 사라."고 당부한다. 자신이 제 돈으로 책을 사서 읽어야 그 안에 실려 있는 말이 몸속에 쉽게 스며들기 때문이라고 이유를 설명했다. "투자 없이는 소득도 없다."는 평범한 진리는 어떤 분야이든 예외가 없다.

필자가 '무슨 책을 읽을 것인가?'라는 설명 끝에 '서점 기웃거리기'를 권하는 이유는 딱 한 가지이다. 앞에서 권장한 셀픽션과 장편동화를 서점에서 직접 골라보고 사보기를 권하기 때문이다.

12
정리의 기술 – 독수리 노트 ver 1.0

지금은 기술을 익히는 것보다 정보를 찾는 것, 다시 말해, '노하우(Know-how)'보다 '노웨어(Know-where)'가 더 필요한 시대이다. 하루에도 엄청나게 쏟아지는 새로운 정보들……. 개인이 이것을 혼자 감당하고 처리하는 것은 이제 거의 불가능한 수준까지 도달했다. 그나마 뛰어난 인터넷 검색엔진 덕분에 일반인도 시간과 노력을 투자하면 빙산의 일각만큼이라도 필요한 정보는 찾아낼 수 있다.

✔ 융합의 시대

이제 '노하우'에서 '노웨어'를 거쳐 '융합의 시대'가 되었다. 학교 교육 역시 암기식 주입에서 융합으로 바뀌는 추세이다. 우리나라도 2009년 개정교육과정에 스팀(STEAM) 교육이 도입되었다. 스팀 교육이란 'Science(과학)', 'Technology(기술)', 'Engineering(공학)', 'Arts(예술)' 'Mathematics(수학)'을 가리키는 말이다. 교과 간의 경계보다는 연계를 강조하여 다방면의 통합적인 지식을 습득하여 자기에게 주어진 상황을 바르게 해석하고 해결하는 힘을 길러준다는 것에 목적을 둔 교육 방법이다.

이제 지식을 습득하고 찾는 과정보다 융합에 초점을 둬야 한다. 지금의 지식인은 어떤 사람을 말할까? 바로 융합을 잘하는 사람이 아닐까? 융합을 잘하려면, 선행 작업이 동반되어야 한다. 바로 필요한 기초 지식의 수집과 보관 기술의 습득이다.

✔ 독서 정보의 수집 - 독수리 노트 ver 1.0

지금까지 당신은 독서 환경을 만들었고, 독서의 목표, 책 읽는 법, 책 고르는 방법까지 익혔다. 이제 책을 읽고 정리하는 방법을 익힐 차례이다.

당신은 '빨간 펜 독서'로 책을 읽으면서 별표, 밑줄, 귀접기 등 다양한 방법으로 책을 괴롭혀 왔다. 당신이 만든 이런 흔적을 유심히 살피고, 분류하고, 적어야 한다. 이것이 바로 '독수리 노트'에 담아야 할 내용이다.

'독수리(讀修理)'는 이 책에서 여러 가지 의미로 사용된다. 첫 번째, 한자의 의미 그대로 풀어서 '독수리(讀修理) 기본 정신'으로 사용한다. "책을 읽고, 나를 갈고 닦아 이치를 깨닫는다."는 의미이다.

두 번째는 책을 읽을 때, 분류하는 방법으로 쓰인다.

독(讀)	읽은 것 : 좋은 내용, 새롭게 알게 된 내용(지식) 등
수(修)	갈고 닦을 것 : 나에게 적용하면 좋은 내용(배움, 실천), 새로운 것에 적용할 아이디어(활용) 등
리(理)	이치, 생각 : 저자의 생각에 대한 긍정 또는 부정 의견, 이유

물론, 이 단계에서 이렇게 3단계로 분류하고 적으라는 뜻은 아니다. 독서와 지식의 수준이 올라가면, 정보를 세분화할 필요가 있으므로 조금 앞당겨 설명한 것이다.(3,4단계)

이제 '빨간 펜 독서'로 다시 돌아가서, 책에 만들어 놓은 흔적들을 자세히 살펴보자.

별표, 밑줄, 귀접기 등 같은 흔적들이 당신에게 필요한 정보가 된다. 이것을 구분 없이 독수리 노트에 적어본다.

정리를 왜 이렇게 해야 할까?

"정보는 쌓아놓는다고 내 것이 되지는 않는다. 정리를 잘 해 놓으면 그것만으로도 나에게 정보가 될 것이다."[20]

이 말이 명확한 해답이 될지 모르겠지만, 학습에서 정리는 꼭 필요한 부분이다.

이 방법은 아주 간단한 형식이지만, 핵심을 요약하고 사고를 발전시키는 힘을 기를 수 있다. 누구나 할 수 있는 가장 쉽고 효과적인 방법이다. 특히 비문학 분야에 꾸준히 적용하면 확실한 효과를 볼 수 있다. 이렇게 만든 독수리 노트는 언젠가 당신의 지식 창고로 변하기 때문이다.

---

20 부자나라 임금님의 성공 독서전략 /사이토 에이지 / 북포스

※ 讀修理 노트 Ver 1.0. 활용 사례

※ 키워드는 맨 마지막에 적고, 될 수 있으면 빈칸을 모두 채워야 한다.
　다시 말하지만, '독, 수, 리'로 구분하여 독수리(讀修理) 노트에 옮겨 적을 필요가 없다. 뒤에서 자세한 분류법을 다시 배우게 된다.

독수리 노트 (Ver 1.0)

20   .   .   .

도서명		저자/역자		출판사	

키워드	1. 2. 3. 4. 5.

No	page	

13
독수리 노트의 효과

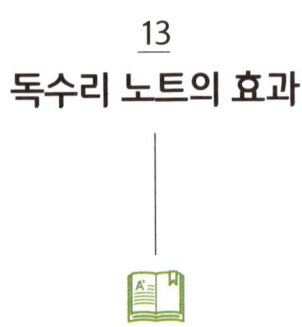

중요한 것은 어딘가 적어두지 않으면 필요할 때 적절히 써먹을 수 없다. 사람의 기억력은 생각만큼 오래가지 않기 때문이다.

책도 다르지 않다. 읽은 책을 좀 더 오랫동안 기억하는 좋은 묘책이 없을까?

책을 읽는 도중이거나, 읽은 직후라면 내용 대부분을 기억할 수 있다. 하지만 이것도 잠시뿐, 시간이 흐르면 책의 내용을 점점 잊게 된다. 그렇다고 그때마다 책을 다시 뒤적거리는 일도 그렇게 합리적인 방법은 아니다.

✔ 기억력의 유통기한

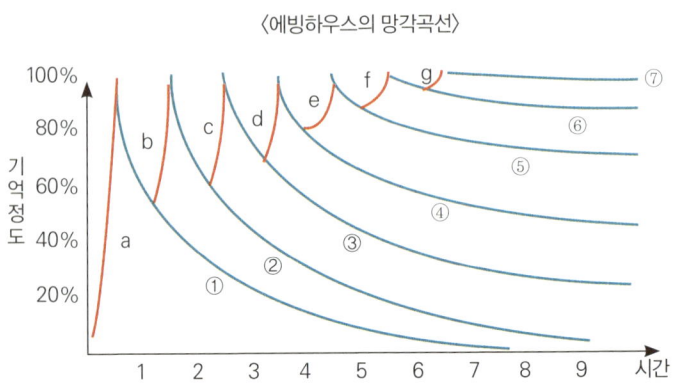

기억력! 도대체 기억력의 유통기한은 얼마일까? 먼저, 기억력과 관련된 에빙하우스의 망각곡선을 살펴보자.

이 그림에서 ①, ②…은 망각곡선이고, a, b, c…는 학습 곡선이다. 3시간이 지나면 기억은 20% 정도에 머물게 된다. 그래프를 보면 알 수 있듯이 기억력을 끌어올리기 위해 재학습이 필요하다.

사람의 기억력은 재학습을 통해 연장할 수 있다. 독수리 노트를 사용해서 책을 정리하는 것도 재학습 효과를 노리려는 방법이다. 독수리 노트를 채우려면, 당신은 빠른 속도로 책을 한 번, 아니 여러 번 읽어야 한다.

〈지식 데이터베이스의 관리 도구 － 이글바인더〉

독수리 노트 몇 장으로 한 권의 책을 정리할 수 있다. 시간이 흘러, 이렇게 정리한 독수리 노트가 모이면 바인더 한 권을 채울 수 있다.

종이 한 장의 힘은 물리적으로 볼 때, 아주 미약하다. 하지만 여러 장이 모이면 얘기가 달라진다. 권총에서 발사한 총알은 종이 수백 장이 모인 국어사전을 뚫지 못하는 것처럼 말이다.

지식도 마찬가지다. 독수리 노트에 담긴 지식이 쌓이고 쌓여 한 권의 책 분량이 될 때, 당신의 수준은 아주 높은 곳에 도달해 있을 것이다.

✔ 이글바인더

독수리 노트를 바인더에 모아야 한다. 이 바인더를 우리는 '이글바인더'라고 부른다.

정리된 자료를 바인더에 담아둬야 할 특별한 이유가 무엇일까?

정리된 자료는 필요한 내용을 쉽고 빠르게 찾을 수 있다. 게다가 자료가 쌓이면 쌓일수록 스스로의 만족감이 커지는 효과도 있다. 배가 부르면 포만감이 생기듯, 지식이 쌓여가는 느낌도 크게 다르지 않다.

신문을 읽다가 경제에 관한 특별한 뉴스가 눈에 들어왔다.

"어! 지난번에 어디선가 읽었는데!"

혼잣말을 하면서 정리된 이글바인더를 들춰본다. 몇 장을 넘겨 원하던 내용을 발견한다.

"옳지! 바로 여기네."

게다가 찾던 책의 페이지까지 정확히 적혀있다. 책장으로 바로 달려가 책을 꺼내 단번에 펼쳤다.

이것이 바로 정리의 힘이다. 스스로 정리한 자료는 바로 찾을 수 있어야 살아있는 지식이 된다. 독수리 노트의 내용과 해당 페이지는 단순한 글자나 숫자가 아닌, 당신이 찾는 지식의 위치와 방향을 알려주는 이정표이자 훌륭한 나침반 역할을 할 것이다.

14
독서 모임 기웃거리기

'독서'라는 행위를 단계별로 나눠보면, 책 선택, 읽기, 정리, 토론 정도로 구분할 수 있다. 여기서 가장 중요한 단계를 꼽으면, 어디가 해당할까?

독서라는 행위는 학습이라는 개념보다 사고의 확장에 더 많은 비중을 둬야 하므로 가장 중요한 단계는 바로 '독서 토론'이 아닐까 생각한다.

앞에서 설명한 독수리 정신 역시 이런 개념에서 만들었다. "책을 읽고, 나를 갈고 닦아 이치를 깨닫자."라는 말은 결국, 생각의 폭을 넓히고, 지식과 정신을 성장시킨다는 의미로 볼 수 있다.

✔ 독서 토론

19세기 미국의 철학자 랠프 왈도 에머슨은 독서 토론에 대해 "같은 책을 읽었다는 것은 사람들 사이를 이어주는 끈을 가졌다는 말이다."라는 명언을 남겼다.

국내만 해도 하루 300권이 넘는 신간이 출판된다. 얼핏 계산해도 일 년에 10만 권 이상의 책이 나왔다가 자취를 감추는 현실이다. 신간이 봇물 터지듯 쏟아지는 오늘날, 같은 책을 읽었다는 사실은 '우연'을 넘어선 '필연'

으로까지 생각할 수 있다.

　독서 모임에 참석하면 책에 대해 토론을 해야 한다. 이렇게 서로 대화를 주고받다 보면, 상대편을 배려하고 이해하는 방법을 자연스럽게 배울 수 있다. 게다가 다른 사람의 생각을 듣고, 이해하면서 책을 더 깊이 알 수 있다. 이런 행위를 오랫동안 반복하면, 자연스럽게 자기 주변을 돌아보게 되며, 사물을 바라보는 사고의 힘도 더 깊어질 수밖에 없다. 바로 이것이 독서 모임이 주는 가장 큰 선물이다.

✔ 독수리 노트의 활용

　독서 토론의 대부분은 대화로 이뤄진다. 대화는 듣기와 말하기의 연속이 아닌가? 잘 들어야 제대로 말할 수 있다. 하지만 처음부터 숙련된 참가자들처럼 조목조목 정리하면서 말을 잘하기란 결코 쉬운 일이 아니다. 그래서 준비가 필요하다.
　우리는 앞에서 책을 읽고 독수리 노트로 정리하는 법을 배웠다. 잘 정리된 독수리 노트 한 장이면 독서 토론의 준비는 충분하다. 그만큼 독수리 노트가 강력하다는 뜻이다.
　이렇게 준비한 독서 정리 과정은 또 다른 학습의 개념으로 볼 수 있다. 게다가 토론을 통해 자기 생각을 정리하고 다른 의견과 비교하면서 더 넓고 깊은 생각을 할 수 있다. 토론을 통해 얻은 타인의 지식과 정보, 기술, 노하우, 아이디어까지 첨가하면서 다시 반복하는 행위를 계속하면, 당신의 지식 세계는 언젠가 저자의 수준까지 올라가 있을 것이다.

〈독서 토론 – 같은 책을 읽고, 서로 다른 생각을 들으며 즐겁게 토론한다〉

✔ 독서 토론이 주는 선한 영향력

우리 주변에 책을 읽고 토론을 하는 사람들이 과연 얼마나 될까? 정확한 통계를 찾을 수 없지만, 독서 모임에 참가하는 사람을 찾기란 그렇게 쉬운 일은 아닌 듯하다. 하지만 우리는 독서 모임에 참가해야 한다. 필자가 이런 말을 꺼낸 이유는 독서토론에 참여하는 사람들의 수준, 지식, 생각 등이 다른 부류에 비해 훨씬 더 뛰어나고, 훌륭하기 때문이다.

독서 모임에 참가한 사람들의 성향을 살펴보면, 생각이 건전하고, 성격도 밝다. 필자는 이것에 대한 이유를 여러모로 고민해 보았다. 물론, 여러 이유가 있겠지만, 자신 있게 말할 수 있는 한 가지는 분명하다. 토론 과정에서 몸으로 익힌 소통과 배려가 많은 사람에게 선량한 긍정적 에너지를 불어넣었기 때문이다.

실제로 토론은 서로에 대한 배려를 배울 수 있는 가장 좋은 기회이다. 독서 모임에 몇 번 참가하면 그렇게 긴 시간이 아니더라도 사람들끼리 금세 친해진다. 토론을 통해 서로를 빠르게 이해하기 때문에 가능한 일이다. 게다가 이런 식으로 더 오랜 시간이 흐르면, 독서 모임은 같은 목적을 가진 하나의 공동체로 발전한다. '같은 책을 읽고 같은 주제에 대해서 대화를 나누는 것'은 서로를 바라보면서 하나의 줄을 잡고 밀고 당기는 행위이기 때문이다.

우리는 스스로 성장하기 위해, 사회를 이롭게 하기 위해 이 줄을 당기고 있다. 서로 밀고 당기는 주제는 책 속에 담긴 지혜이기 때문이다

존 맥스웰 목사가 쓴 〈사람은 무엇으로 성장하는가?〉에서 "누구와 어울리고, 무엇을 읽는가? 이 두 가지가 바뀌지 않으면, 5년 후의 모습도 지금과 똑같을 것이다."라는 말을 남겼다.

결국, '누구와 어울리고, 무엇을 읽는가?'라는 두 마리 토끼를 한꺼번에 잡는 방법으로 독서 모임만 한 것이 없다.

하버드 대학교 사회심리학 교수 데이비드 맥클레랜드(David McClelland)는 "우리가 습관적으로 어울리는 사람들을 '준거집단'이라고 하는데, 그들이 우리 인생의 성패를 95% 결정한다."고 했다.

우리 주변을 한번 돌아보자. 주변에 어떤 사람들이 있는가? 아니 최근 나와 가장 자주 어울렸던 사람 다섯 명만 골라보자. 이 다섯 사람의 평균이 바로 미래의 당신이라는 것을 잊지 말아야 한다.

15
SNS 글쓰기[21]

 유행처럼 번지는 SNS(Social Network Services/Sites)! 장점도 많지만, 이것에 따른 부작용도 적지 않다.
 SNS란, 특정한 관심이나 활동을 공유하는 사람 사이에서 관계망을 구축해 주는 온라인 서비스를 말한다. 카카오스토리, 페이스북, 인스타그램 등이 대표적인 SNS에 해당한다. SNS를 통하면 정보를 빠르게 공유할 수 있고, 다양한 사람을 쉽게 만날 수도 있다. 이것 외에도 집단 지성의 발현, 신속한 뉴스 전달 등 좋은 점이 아주 많다. 하지만 단점도 무시할 수 없다. 사생활 노출, 거짓 정보 유출, 중독 같은 부작용도 아주 심각한 수준에까지 이르렀다.
 'SNS를 써야 할까? 말아야 할까?'
 누구나 SNS에 대한 이런 고민을 한 번쯤 해보았을 것이다.
 결론부터 말하자면, SNS는 현대인에게 꼭 필요한 도구이다. 책을 읽든, 공부하든, 사람은 세상과 등지고 살 수 없기 때문이다. 여기서 현명한 선택과 판단이 요구된다. 즉, SNS의 장점을 살리고, 단점을 극복하는 묘수를 찾으면 된다. 혹시, SNS를 글쓰기의 도구로 활용해보는 것은 어떨까? 잘 사용하면 SNS만큼 훌륭한 글쓰기 도구도 찾기 어렵다.

---

21 매일신문 2017년 2월 20일 기사

✔ 책에 대한 글을 SNS에 올리자.

책을 읽은 뒤, 감상문을 쓰는 것은 아주 중요한 행위이다. 이렇게 해야만 책을 내 것으로 만들 수 있다. 하지만, 많은 사람이 독후감 쓰는 행위를 무시하거나 두려워하는 경향이 있다. 대부분 글쓰기가 어렵다고 생각하기 때문이다. 그래서 쉬운 글쓰기, 짧은 글쓰기의 도구로 SNS를 추천한다.

SNS는 사진 몇 장과 짧은 글로도 하나의 완성된 게시물을 만들 수 있다. 빗방울이 모여 거대한 강을 이루듯, 모든 글은 한 문장에서 시작된다. 소설 같은 긴 글도 한 문장, 두 문장이 모여 만들어진 결과물이다. 그래서 짧은 글쓰기가 중요하다. 짧은 글쓰기가 숙달되면 언젠가는 긴 글도 쓸 수 있다. 이런 기초 체력을 키우기 위해 지속해서 짧은 글쓰기 훈련을 해야 한다.

필자가 SNS를 글쓰기 도구로 추천하는 또 한 가지 이유가 있다. 바로 SNS가 주는 보상 때문이다. SNS에 글을 올리면, 불특정 다수에게 '공감'을 받는다. 이렇게 공감해주는 이웃이 점점 늘어나면 스스로 동기부여가 되고, 재미도 느낄 수 있다. 하지만 이것이 바로 SNS의 함정이다. 이런 재미를 좀 더 누리기 위해 욕심을 부리다 보면 자기도 모르게 SNS에 중독될 수도 있다. 다수의 '좋아요!'와 댓글을 의식해서 책이 아닌 엉뚱한 내용을 SNS로 올리는 행동을 자제해야 한다. 이런 관심이 잦아지면, SNS에 투자하는 시간이 점점 늘어나고, 순간순간 스마트폰에 고개를 돌리게 된다.

SNS를 사용할 때는 기준이 있어야 한다. 1주일에 한두 번 정도의 독후감과 책에 대한 정보를 올리는 것이 바람직하다.

✔ SNS 글쓰기 방법과 효과

책을 읽으면서 좋은 문장, 남에게 공감을 줄 수 있는 문장을 집중적으로 찾는다. 이런 문장을 메모하고, 빨간 펜으로 밑줄 그어 흔적을 남긴다. 이것을 SNS에 올리면 된다. 책에 남긴 흔적을 사진으로 찍어 올리면서, 간단한 설명을 곁들여도 좋다. 마지막에는 책 내용과 관련된 자기 생각을 적어본다. 이렇게 적은 내용은 SNS에 올리기 전에 다시 읽어봐야 한다. 오타와 기본적인 맞춤법을 살핀 후, 글을 게시한다. 매우 간단하지만, 이렇게 써도 기본적 형식을 모두 갖춘 독후감이 된다.

〈SNS에 글을 올리면 응원의 댓글이 달린다〉

이런 방법으로 꾸준히 SNS에 글을 올리게 되면 큰 효과를 볼 수 있다.

첫 번째, 여러 번 생각하고 글을 쓰게 된다. 누군가 자기 글을 본다고 생각하면, 함부로 쓸 수 없기 때문이다. 그 결과 사고가 깊어지고, 작문 실력도 점점 좋아진다. 두 번째는 좋은 글을 통해 좋은 사람을 많이 사귈 수 있다. 뿌린 대로 거둔다는 말은 여기서도 통한다. 책에 대한 내용을 뿌렸으니, 책을 좋아하는 사람들이 관심을 가질 수밖에 없다. 독자가 있다는 것은 글을 쓰는 사람에게 가장 큰 기쁨이다. 마지막으로 자기만의 독서 기록이 생긴다. 자신이 쓴 독서 기록을 보면서 스스로 뿌듯함을 느낄 수 있고, 성장하는 모습도 발견할 수 있다.

SNS를 멀리하기에는 세상은 너무 크고 넓어졌다. 피하는 것보다 정면 돌파하여 내 것으로 만드는 것이 오히려 현명한 방법이라 생각한다. 머릿속에 담긴 지식을 정리해야 글을 쓸 수 있는 것이 아니다. 오히려 글을 써야 머릿속에 담긴 내용을 정리할 수 있다. 글쓰기를 어렵게 생각할 필요가 없다. 가장 쉬운 방법을 선택해서 자기의 습관으로 만들어 버리면 된다. 가장 쉽게 글 쓰는 방법, 가장 쉽게 자기만의 독자를 만드는 방법, 바로 SNS로 글을 쓰는 것이다.

팁 – 책 주인을 알리다. – 장서인

✓ 장서인(藏書印)

우리 선조들은 도장을 찍어 책 주인의 흔적을 남겼다. 책에 찍는 도장, 이것을 '장서인(藏書印)'이라 한다. 자기의 성, 호, 좋은 문장 등 재미있고 다양한 문양을 장서인에 새겼다.

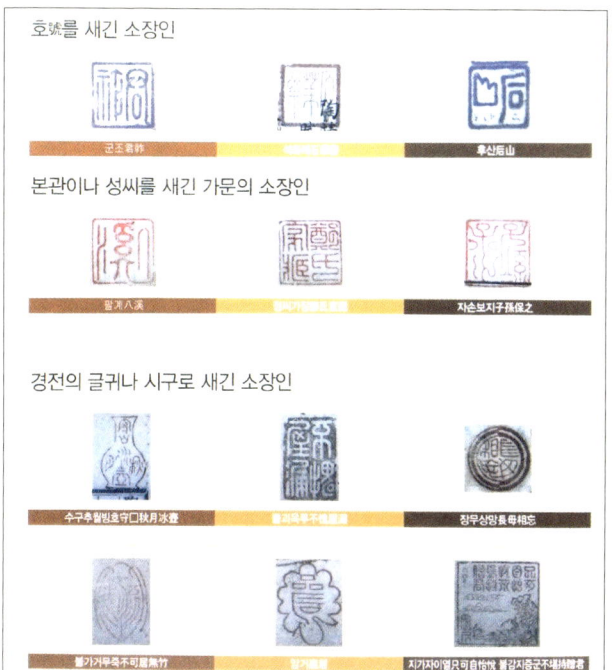

〈각양각색의 소장인〉

화성시 향토박물관에서 우연히 보게 된 장서인(藏書印)의 모양이다. 옛 선비들의 은은한 멋을 느낄 수 있다.

✓ 어보(御寶)

왕이 나눠주는 책에도 도장이 찍혀 있다. 이 도장을 '어보(御寶)'라 한다. 어보(御寶)는 왕과 왕비, 세자와 세자빈 등 존호를 올릴 때 사용하던 왕가의 권위를 상징하는 도장이다. 의례용으로 사용했던 어보(御寶)는 외교문서나 행정에 사용했던 국새(國璽)로 구분된다.

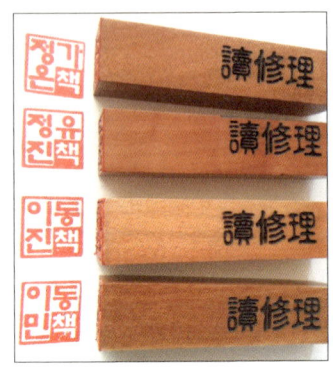

〈어린이를 위한 책도장〉

어보(御寶)는 각종 행정문서가 아닌 왕실의 혼례나 책봉 등 궁중의식에서 시호, 존호, 휘호를 올릴 때 만들어 일종의 상징물로 보관했다. 왕과 왕비뿐 아니라 세자와 세자빈도 어보(御寶)를 받았다.

옛날에는 책이 아주 귀한 물건이었다. 나라에서 만든 책은 주로 반사(頒賜:임금이 물건을 나누어 주는 행사)를 통해 백성에게 전해졌다. 이때 어보를 책 앞에 찍었다. 왕이 책을 주는 행사를 '서적반사'라 한다.

〈어보- 국왕문서와 서적반사에 사용하는 인장〉

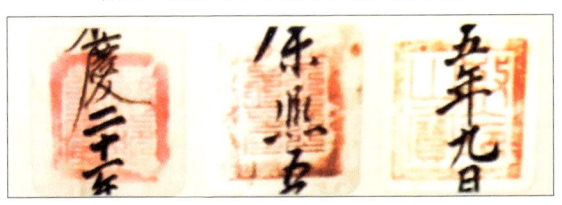

시명지보施命之寶　　왕세자인王世子仁　　칙명지보勅命之寶

'장서인(藏書印)'과 '어보(御寶)', 우리 선조가 책에 흔적을 남길 때 사용했던 물건이다. 우리도 읽을 책이나 선물하는 책에 도장을 찍어보면 어떨까? 아니면 진짜 감동을 느꼈던 책에 도장을 쿡 찍어 흔적을 남기는 것도 좋은 방법이다.

책을 위한 도장 하나!

옛 선비의 자취처럼 이런 흔적은 당신의 독서인생에 추억을 남겨 줄 것이다.

1. 들어가기
2. 평생 현역으로 살아남기
3. 평생 독서 계획 세우기
4. 드림보드 만들기
5. 1시간 독서
6. TV 없애기
7. 백색소음
8. 태극 인덱스 독서
9. 다른 분야 맛보기
10. 책 고르기
11. 지식의 분류
12. 분류의 신기술 – 먹잇감 노트
13. 북멘토를 찾아라!
14. 원고지 10매 쓰기
15. 3분 스피치의 설계도
16. 논리적으로 말하는 기법

Part 3

수修
관심 분야 찾기

1
들어가기

'독(讀)' 단계에서 독서의 즐거움을 맛보았다면, '수(修)' 단계에서는 관심 분야를 찾아야 한다. 앞으로 좀 더 나아가 '리(理)' 단계에서는 자기 분야 만들기를 준비해야 한다.

	1단계 (독)	2단계 (수)	3단계 (리)
목적	월간 목표 2권	월간 목표 4권	월간 목표 6권
	재미와 습관들이기	관심 분야 찾기	자기 분야 만들기
	나의 독서 수준 파악	평생 독서 계획 세우기	
무슨 책을 읽을 것인가		서점에서 책 고르는 방법	자기 분야 도서 목록 만들기
	장편동화/시/수필/셀픽션	전문 분야 입문서/소설/자기계발서	다른 분야 책 읽기 (인문고전 입문)
어떻게 읽을 것인가	하루 30분 독서	하루 1시간 독서	90분 독서
	빨간 펜 독서 / 귀접기	태극 인덱스 독서	Skimming 훈련
	집중력 높이는 독서	자투리 독서	쉬지 않고 읽어보기
읽고 정리하기	독수리 노트 Ver 1.0	독수리 노트 Ver 1.2	
	SNS 리뷰(카카오스토리, 페이스북, 인스타그램))	SNS 리뷰 (블로그)	서평 쓰기(양식)
	이글바인더	먹잇감 노트	인용문 수집 바인더
		이글맵	구조 마인드맵
		3분 스피치	

독서 환경	기초 환경 설정	TV 없애기	책 쌓아놓고 보기
			책장 구매하기
	서점 이용하기	도서관 사용법	
		백색소음 활용하기	
동기 부여	내 돈 내고 책 사기	10년 법칙 + 드림보드	조선의 제비
	독서 모임 찾기	독서 모임 참석	독서 모임 만들기
			드림북 세팅(5권)

단계별 과정에서 보면 알 수 있듯, 클라우드 리딩의 독서 과정은 목표와 미션이 구체적으로 제시되어 있다. '수(修)' 단계에서 제시한 미션을 자세히 살펴보면서 '리(理)' 단계를 향한 발걸음을 힘차게 놓아보자.

✔ 관심 분야 찾기

수(修)' 단계의 목적은 관심 분야 찾기이다. 당신은 새로운 인생을 위해 혹은 삶의 변화를 위해 뭔가 다른 영역에 관심 가질 필요가 있다. 하지만 세상은 그렇게 만만하지 않다. 뭔가 새로운 영역을 찾고 싶지만, 쉽게 고를 수도 없고, 잘 보이지도 않는다. 도대체 어디서부터 어떻게 찾아야 할까?

몇 년 전, 웃음 치료 전문 강사가 필자를 찾아와 비슷한 고민을 털어놓은 적이 있다.

"가면 갈수록 힘이 더 드네요. 이제 비슷한 강의도 많이 생겼고요. 다람쥐 쳇바퀴 돌 듯 매번 같은 강의하는 것도 이제 좀 지겹습니다. 뭔가 다른 영역을 찾고 싶은데, 뭐가 좋을까요. 뭔가 특별한 게 없을까요?"
50대 초반을 넘긴 강사의 진솔한 고백이었다.
필자는 한참을 고민하다가 '독서'를 권했다.

"네? '독서법 강의'가 아니라 그냥 책을 좀 읽어보라고요?"
필자의 말에 강사는 조금 놀라는 눈빛이었다. 그리고 잠시 후, 실망스러운 표정으로 다시 입을 열었다.
"독서 과정은 이미 몇 개를 들었어요. 독서 자격증도 세 개나 있습니다."

지금 생각해도 필자의 판단은 틀리지 않았다. 필자는 '생선'이 아닌 '물고기 잡는 방법'을 알려주고 싶었다. 하지만 웃음 치료 강사는 지금 당장 효과를 볼 수 있는 빠르고 강력한 뭔가를 원했다.

'독서 자격증' 몇 개를 가진들 그게 무슨 소용이 있을까? 우리는 자격증 몇 개가 아닌 세상을 읽는 지혜가 필요하다. 이것을 위해 당신은 제대로 된 독서를 해야 한다.

이제 당신은 새로운 분야에 관심을 가져야 한다. 어디서 무엇을 찾아야 할지 고민할 필요가 없다. 바로 책 속에 답이 있기 때문이다. 하지만 이것도 쉬운 일이 아니다. 해답을 찾기 위해서 제대로 된 독서 방법이 필요하기 때문이다. 제대로 볼 수 있어야 땅에 떨어진 보석을 찾을 수 있다. "아는 만큼 볼 수 있다."는 말처럼 세상을 읽을 수 있어야 가치 있는 삶도 누릴 수 있다. 그래서 필자는 웃음 치료 전문 강사에게 '독서'라는 대답을 한 것이다.

✔ 독서의 목표 설정

이시형 박사의 〈공부하는 독종이 살아남는다〉에서 "목적이 있어야 성공적인 공부 전략과 전술을 세울 수 있다. 목적과 계획이 없는 공부는 쉽게 포기하게 된다."라며 공부에서도 목표와 계획이 있어야 한다는 것을 강조했다. 독서가 공부라는 측면에서 본다면, 작은 목적의 독서를 공부로 생각할 수 있다.

사이토다카시는 〈독서력〉에서 "독서는 단순히 정보를 섭취하기 위한 행위가 아니다. 사고력을 단련하고, 사람을 만들어가는 일이다."라며 독서의 본질적 의미를 말했다.

이시형 박사와 사이토다카시의 의견을 비교하면서 당신은 책을 왜 읽으려고 하는지 다시 한번 생각해보기 바란다. 성공? 자기계발? 진학? 작가? 학자? 휴식? …….

무엇을 선택하든 정도의 차이만 날 뿐, 모두 독서와 관련되어 있다.

독서의 맛을 알게 되고, 관심 분야를 찾으려면 구체적인 목표가 있어야 한다. 그래야 독서를 습관으로 만들 수 있고, 좋은 결과도 얻을 수 있다. 목적 없는 막연한 독서는 휴식과 다르지 않다.

이런 점에서 볼 때, 책이라는 도구는 요술지팡이처럼 다용도로 사용할 수 있다. 그렇다면 당신은 책이라는 요술지팡이로 무엇을 이루고 싶은가?

작은 소망도 좋고, 원대한 포부도 나쁘지 않다. 물론, 목표를 세운다고 100% 성공하는 것은 아니다. 하지만 독서는 다른 행위의 실패와 성격이 조금 다르다. 실패해도 또 다른 소득이 있기 때문이다.

필자가 글을 쓰기 시작할 때, 국내 최고 권위의 문학상을 목표로 삼았다. 필자가 쓴 작품은 문학상의 최종 심사까지 올랐다. 아직도 그때의 심사평이 머릿속에 아른거린다.

'두 작품을 마지막까지 고민하다가…….'

한 작품만이 수상의 영광을 누릴 수 있었다. 아쉽지만 필자의 작품은 아슬아슬하게 떨어지고 말았다. 하지만 출판이라는 또 다른 선물을 받게 되었다.

상을 받지 못했지만, 과연 이것을 실패로 볼 수 있을까? 게다가 이 과정을 통해 글쓰기라는 한 분야를 완전하게 습득할 수 있었다.

✔ 독서는 최고의 안전 투자이다

필자의 경험에서 보듯, 큰 목표에 도전하면 작은 성공은 저절로 따라온다. 하지만 목표가 큰 만큼 불타는 열정과 피나는 노력이 요구된다.

모든 투자에는 어느 정도의 위험이 따르게 마련이지만, 독서는 손해도 위험도 전혀 없는 안전자산이다. 그래서 독서와 관련된 투자는 많이 해도 손해가 따르지 않는다.

'고위험 고수익(High Risk, High Return)'이란 말을 들어봤는가? 그렇다면, '저위험 고수익(Low Risk, High Return)'이란 말은 어떠한가?

아주 생소하거나, 혹은 다단계 사건의 피해를 알리는 신문·방송에서 본 적이 있을 수도 있다. 손해도 없고, 투자하면 확실한 수익을 얻을 수 있다는 솔깃한 제안!

필자의 경험에서 봤듯이, 독서는 손해가 없는 가장 확실한 투자이다.

'저위험 고수익(Low Risk, High Return)원칙'

이것이 바로 독서의 투자원칙이라는 것을 잊지 말아야 한다.

✔ 목표 설정의 기준

첫째, 내 영혼이 사랑하는 일을 직업으로 삼아야 한다.
둘째, 내가 사랑하는 일을 통해 경제적 자유를 얻어야 한다.
셋째, 내가 사랑하는 일을 통해 시간의 자유를 얻어야 한다.

이지성 작가의 〈생각하는 인문학〉에서 찾아낸 직업 선택의 기준을 보면서 지금 하는 일에 대해 다시 한번 생각해 보았다. 인생이란 기나긴 여행에서 어떤 일을 선택해야 할지 스스로 결정해야 한다.

사람은 세끼를 먹고 산다. 이런 점에서 볼 때, 삶은 모두에게 공평하다. 하지만 세끼를 먹기 위해 어떤 일을 하고 있는지, 얼마나 효율적으로 일하는지, 이 일을 통해 어떤 기쁨을 느끼는지 생각해 볼 필요가 있다.

사마천이 쓴 〈사기- 화식열전〉에서 "사람은 자기보다 재산이 열 배 많은 자를 만나면 욕을 하고, 백 배 많은 자를 만나면 두려워하고, 천 배 많은 자를 만나면 고용 당하고, 만 배 많은 자를 만나면 노예가 된다. 그게 사물의 이치다."를 보면서 깜짝 놀랄 정도의 전율을 느꼈다. 그리고는 잠시 생각에 빠졌다.

사마천이 말하는 재산이 과연 무엇을 의미할까? 돈 같은 재물일까? 그것이 아니라면 도대체…….

결국, 사마천이 한 말에서 '재산'이라는 두 글자를 지워보았다.

사람은 자기보다 ○○이 열 배 많은 자를 만나는 욕을 하고, 백 배 많은 자를 만나면 두려워하고, 천 배 많은 자를 만나면 고용 당하고, 만 배 많은 자를 만나면 노예가 된다. 그게 사물의 이치다.

'○○에 들어갈 단어가 인생을 바꿔줄 수도 있다.'는 생각이 들었다. 자기가 원하는 것, 갖고 싶은 것이 당신이 누릴 수 있는 최고의 가치이기 때문이다. 당신은 ○○에 무엇을 넣고 싶은가?

"당신이 할 수 있다고 생각하든 할 수 없다고 생각하든 생각하는 대로 될 것이다"

-헨리 포드-

2
평생 현역으로 살아남기

열정페이 : 10대 후반에서 20대, 스펙을 줄게 열정을 다오
이태백 : 20대 태반이 백수
삼팔선 : 38세가 되면 고용 불안
사오정 : 45세가 되면 정년퇴직
오륙도 : 50~60세가 되어도 회사를 다니면 도둑

한번 웃고 넘길 수도 있다. 하지만, 이 말이 오늘의 현실을 나타낸다고 생각하면 씁쓸한 기분을 떨쳐버릴 수 없다. 이런 상황이 당신에게 일어나지 말라는 법은 어디에도 없다. 그래서 준비를 해야 한다. 평생 현역으로 뛰기 위한 그런 준비가 필요하다. 이제라도 크게 늦지 않았다. 자격증 같은 스펙이 아닌 자신만의 스토리를 준비해야 한다. 이런 스토리도 그냥 만들어지지 않는다. 구체적인 목표를 정하고 충분한 노력과 다양한 경험을 해야 자신만의 스토리를 만들 수 있다.

구순이 넘은 국민 MC 송해는 아직도 왕성한 활동을 펼친다. 무극보양뜸의 창시자인 구당(灸堂) 김남수도 이제 백 세가 넘었다. 어떤 이는 구당 선생이 현대의 화타라고 칭찬한다. 분야는 다르지만 자기만의 영역에서 평생 한 우물만 팠다는 공통점이 있다. 모두 자기가 가진 재능을 직업으로 택했기 때문에 가능한 일이었다.

✔ 직업 선택의 기준

필자도 삼팔선, 사오정을 넘었다. 하지만 오륙도를 향하지 않는다. 이제 작가, 강사, 콘텐츠 기획자로 열정을 불태우며 미래를 향해 달린다. 그사이 수많은 어려움이 있었다. 목표를 이루기 위해 엄청난 투자와 노력을 아끼지 않았다. 책으로 십 년 동안 한 우물을 팠다. 생각보다 돌아오는 이익과 행운이 많았다.

만약, 당신이 새로운 직업을 가진다면, 어떤 일을 하고 싶은가?

필자는 주변 사람들에게 이렇게 대답했다.

"나이를 먹어도 할 수 있는 일, 시간이 지나면 지날수록 더 잘할 수 있는 일을 직업으로 선택하라."

일반적으로 새로운 직업을 찾을 때, 세 가지를 고려해야 한다. 좋아하는 것, 잘하는 것, 돈이 벌리는 것, 이 세 가지를 모두 비중 있게 저울질해야 평생 할 수 있는 즐거운 일을 찾을 수 있다.

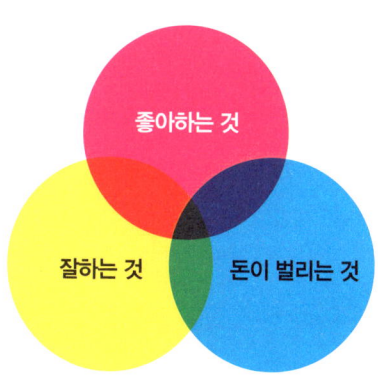

그림을 보면서, 당신이 '좋아하는 것', '잘하는 것', '돈이 벌리는 것'을 찾아보기 바란다. 혹시, 이 세 가지 모두 만족하는 일이 있다면, 망설임 없이 바로 선택해도 좋다. 하지만, 그런 일은 아주 희박할 것 같다. 생각보다 쉽게 나타나지도 않지만, 나타나더라도 빨리 도망치는 행운의 여신 같은 존재이기 때문이다.

✔ 독수리 5형제로 살고 싶은가?

讀: 읽을 독, 修: 닦을 수, 理: 이치 리

앞에서 말한 것처럼 "독서를 통해 자기를 갈고닦아 이치를 깨닫는다."는 의미이다. 이제 열정페이, 이태백, 삼팔선, 사오정, 오륙도를 물리치고, 독수리가 되어 새롭게 살아보는 것은 어떨까?

독수리 5형제 만화영화를 한번 떠올려보자. 위기가 닥치면 독수리 5형제는 불새로 변해 악당을 물리친다. 불새는 천하무적이 아닌가!

이런 스토리를 독수리(讀修理)에 담았다. 만화영화에 나오는 독수리 5형제처럼, 독서를 통해 천하무적이 되어 세상을 향해 큰소리치며 살아가길 바란다. 무슨 일을 하든지 책과 함께 살아간다면 그 분야에서 최고가 될 수 있다.

✔ 10년 공부 계획

공병호 박사의 〈명품인생을 만드는 – 10년 법칙〉에서 '지식 폭발'이란 용어가 등장한다.

'10년 법칙'은 오랫동안 경험으로 검증된 인생의 황금률이라는 면에서 보더라도 충분한 타당성을 갖고 있다. 뿌린 대로 거둘 수밖에 없는 것이 인생이다. '10년 법칙'은 이런 대원칙에 충분히 부합한다. 젊은 날 뿌리지 않으면 그에 상응하는 대접을 받을 수밖에 없다.
"세상에는 결코 공짜는 없다."
일단 '지식 폭발'이라는 도약기에 들어서면 자기 분야를 중심으로 관련 영역의 진출이 자연스럽게 이루어진다.

10년이라는 말에 모두 깜짝 놀랄 수도 있다.
"뭐! 십 년을 공부하라고……, 지금 내 나이가 몇인데?"
하지만 공부는 평생 해야 할 일이 아닌가? 이런 마음을 먹었다면 10년은 아무것도 아니다.

10년이 길다면 길고 짧다면 짧은 시간이다. 이런 마음을 먹었다면, 조금이라도 빨리 시작하는 것이 가장 현명한 선택이다. 물론, 독서를 시작했다고 하루아침에 인생이 바뀌지 않는다. 그냥 숨 쉬듯 꾸준히 하다 보면 어느새 새로운 삶의 전환점을 맞이할 수 있다. 꾸준한 독서는 평범한 삶도 놀랍게 변화시킬 수 있다.

성공은 드라마와 비슷하다. 성공이란 과연 어떤 드라마일까?

이런 사람이 있다. 요즘 말하는 금수저를 물고 태어난 사람이다. 어릴 때부터 좋은 선생을 가정교사로 두었다. 소위 말하는 명문학교를 졸업하고 미국으로 유학 가서 박사학위를 받았다. 다시 한국으로 돌아와 유명대학의 교수로 이름을 날린다.

반대로 흙수저를 물고 태어난 사람이 있다. 힘들게 고등학교를 나와 공장에 취업했다. 공부가 하고 싶어 야간에는 전문대학을 다녔다. 졸업 후 4년제 대학에 편입했고, 우여곡절을 겪어 대학원 진학에 성공했다. 대기업은 아니지만, 중소기업 연구소에 연구원으로 일한다.

결과를 본다면 전자의 교수가 후자의 연구원보다 더 많은 돈을 벌고, 더 좋은 직업을 가졌다. 하지만 우리는 전자의 경우를 '성공'이라 하지 않는다. 오히려 후자의 경우를 '성공'이라 부른다.

그 이유가 뭘까?

성공에는 '그럼에도 불구하고'라는 수식어가 붙어야 한다. 어려운 환경에도 불구하고 남들과 다른 노력과 열정으로 자신의 꿈을 이뤘다. 바로 이런 스토리를 사람들은 '성공'이라 부른다. 이런 사람들의 성공을 들여다보면 시작부터 확실히 다르다. 혹독한 노력의 과정은 한 편의 드라마처럼 짜릿하고 긴장감이 있다.

하지만 이런 성공도 타이밍이 중요하다. 50년을 노력해서 90세에 성공을 했다고 치자. 90세의 성공에 어떤 의미를 둬야 할까?

✔ 물은 99도에서 끓지 않는다.

10년이라는 말에 겁먹을 필요가 없다. 이런 계획을 세우고 실천하다 보면 결과는 예상보다 빨리 나타나기 때문이다.

물이 끓는 과정을 한번 살펴보자. 온도가 조금씩 올라갈 때마다 물은 거품을 만들며 조금씩 반응한다. 100도가 되지 않았지만, 변화의 조짐은 순간순간 나타나기 때문이다.

100도가 되는 순간 엄청난 변화가 일어난다. 물이 끓기 시작하면서, 액체는 기체로 바뀌며 약 1,700배 정도의 부피 팽창을 한다. 이런 상태의 변화처럼 당신의 모든 것이 1,700배 달라진다면, 어떤 모습으로 변할지 한번 상상해보자.

100도까지 10년이 걸릴 수도 있겠지만, 그사이 나타나는 변화만으로도 충분한 성취감을 만끽할 수 있을 것이다. 독서로 비유해도 결과는 마찬가지이다. 물이 수증기로 바뀌는 시점, 독서로 말한다면 이때가 바로 '지식 폭발'이 일어나는 순간이다. 물론, 그사이 작은 변화를 수없이 맛보게 된다.

독서는 눈과 머리로 하는 것이 아니다. 축적된 독서량[22]이 당신을 '지식 폭발'로 끌어낼 뿐이다. '10년'에 주눅 들 필요는 전혀 없다. 책은 10년이 아니라 평생을 같이 가야할 동반자이다. 책과 평생 친구가 되면 자기도 모르게 달라진 명품 인생을 즐길 수 있다. 물은 계속 끓이면 언젠가는 끓어오른다. 독서도 목적을 가지고 계속하다 보면 언젠가 원하는 것을 얻을 수 있다.

---

22 독서력(2009) 사이토 다카시 / 황선종 옮김 / 웅진지식하우스 45p

3
평생 독서 계획 세우기

평생 독서에 성공하려면 계획을 세우더라도 요령이 있어야 한다. 큰 목표는 잘게 쪼개야 성공할 확률이 더 높아진다. 고기도 먹어본 사람이 더 잘 먹듯, 작은 성공이라도 자주 맛본 사람이 결국 큰 성공도 성취할 수 있다.

하버드 대학과 예일 대학이 공동으로 상위 3%의 성공자의 특징을 연구했다. 이 사람들의 성공 방법은 뜻밖으로 단순했다. 정확한 인생목표 설정과 실천 방법의 문서화가 바로 비법이었다. 얼핏 보기에도 누구나 따라 할 수 있을 것만큼 쉬워 보였다. 하지만 대부분이 알고도 하지 않았기 때문에 3% 안에 들지 못한 것이다.

이런 성공의 요인들을 당신의 독서 방법에 적용해야 한다. 정확한 목표 설정과 실천 방법의 문서화! 그래야만 평생 독서에 성공할 수 있다. 이 책은 목표 설정을 다양한 방법으로 수없이 하게 만든다. 게다가 실천 방법 대부분은 이글바인더 속에 넣을 수 있는 양식으로 문서화했다. 3%의 성공을 위해 꼭 필요한 행위이기 때문이다.

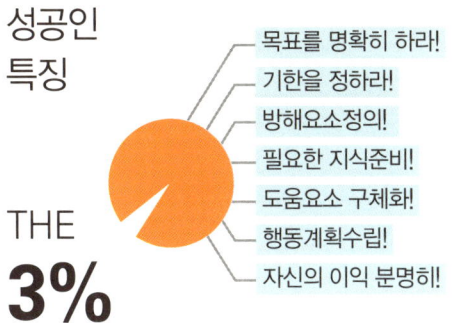

성공인 특징 THE 3%

- 목표를 명확히 하라!
- 기한을 정하라!
- 방해요소정의!
- 필요한 지식준비!
- 도움요소 구체화!
- 행동계획수립!
- 자신의 이익 분명히!

나의 꿈을 위해

작성자: 이대성 강사

목표를 명확히 하라
- 강사 브랜드 구축: 가치 창조 (열정)
- 독서법 책 출판 / 영향력 확대
- 연 200회 강연 / 교육: 강사교육, 독서, 리더십
- 건강한 신체: 체중감량 (63kg)
- DRI 열정강사 50명 양성

기한을 정하라
- 독서법 책 출판: 2017. 3월간
- 이유바인더 교육 과정 (E-BSt) 개설: 2017. 4월
- 체중감량 기간: 2017. 5월간
- DRI 열정강사 60명: 2017. 6월간
- 강사 브랜드 구축: 2017. 4월간 (DRI 열정)

방해요소 정의
- 스마트폰 사용시간: SNS의 선택적 활용
- TV로 머리하기: 선택적 시청
- 조직, 협회 등 인간관계 simple
- 회식, 음주, 식사 약속 최소화
- 거실의 서재화 & simple = 책상, 책장 정리

필요한 지식준비
- 독서량 증가: 주2권이상 읽기
- 메모: 영화, 문화 컨텐츠 분석 / 기록
- 사색노트 작성: 무류 바인더 (아코바인더)
- 독서법, 출판, 도서 구매 / 탐독: 꾸준한 일상
- 적절한 smart 활용습관

도움 요소 구체화
- 강사 선배 조언: 리더교육원, 두드림리더십센터 등
- 전문 컨텐츠 개발자 조언: 멘토
- 독서모임에서 만나는 인연 소중하게 (진심)
- DRI 열정강사 네트워크 확장
- 강의 장연팀, 교육 담당자 연락 / 관계유지

행동계획 수립
- 자투리 시간 독서: 화장실, 비행기, 대중교통 등
- 규칙적 아침 산책 / 운동: 휠체, 등 4M
- 아코바인더 확대: 강의 시, 독서 시, 미팅 시 문류대
- 연락처, 명함 관리: 아코바인더 보유 / 정리
- SNS (블로그, 카카오스토리, 페이스북) 브랜드 홍보
- 타인을 돕는 영향력 있는 리더가 된다.

자신의 이익을 분명히
- 경제적으로 자유로워진다.
- 노후에도 안정적인 삶을 영위할 수 있다.
- 나, 아내의 삶이 기쁨으로 충만하게 된다.
- 존경 받는 인간의 표본으로 성장한다.

나의 꿈을 위해

목표를 명확히 하라

기한을 정하라

방해 요소 정의

필요한 지식 준비

도움 요소 구체화

행동 계획 수립

자신의 이익을 분명히

✔ 한 달 목표 정하기

'독(讀)' 단계에서 한 달에 2권의 책을 읽었다면, '수(修)' 단계에서는 4권을 읽어야 한다. 다음 단계의 목표는 6권이다. 점점 양이 늘어난다는 사실을 꼭 기억해야 한다.

왜 이런 목표를 구체적으로 설정해야 할까?

일반적으로 정해지지 않는 약속은 강제성을 갖지 않는다. 그래서 정확한 약속이 필요하다. 목표를 실현하기 위해, '언제까지', '얼마나'라는 구체적인 계획을 세워야 한다. 이것은 목표 달성을 위한 자기와의 약속이다.

책을 왜 읽어야 할까?

앞에서도 잠깐 살펴보았지만, 대한민국 국민의 독서량은 OECD 국가 중 최하위 권이었다. 최상위 미국은 1인당 한 달에 6.6권, 일본 6.1권, 프랑스 5.9권, 중국 2.6권이다. 선진국으로 갈수록 독서량이 올라간다. 하지만, 우리 국민은 한 달에 1.3권을 읽으며 순위로 166위였다. 성인 35%가 1년에 단 한 권의 책도 읽지 않았다. 이것이 안타까운 우리의 독서 현실이다.

희망 없이 평생 꿀벌로 살아가지 않으려면 반드시 책을 읽어야 한다. 우리는 독서를 통해 성공한 많은 사람의 경험담을 알고 있지만 여러 가지 핑계로 독서를 외면했다.

책은 인생의 지혜를 배우는 가장 쉬운 방법이라는 것을 누구나 알고 있다. 소크라테스 역시 "남의 책을 많이 읽어라. 남이 고생하여 얻은 지식을 아주 쉽게 내 것으로 만들 수 있고, 그것으로 자기 발전을 이룰 수 있다."라고 하면서 책이 주는 인생의 지혜를 알려주었다.

지금도 늦지 않았다. 처음부터 욕심낼 필요도 없다. 한 달에 2권만 읽어도 대한민국 평균 이상이 된다. 4권을 읽으면 상위 그룹까지 근접할 수 있다. 독서를 목표로 정했다면, 한 달에 읽어야 할 독서 목표를 반드시 정해야 한다.

나는 한 달에 (　　) 권의 책을 읽겠다.

어떤 일이든 구체적인 목표가 있는 것과 없는 것의 차이는 분명하다. 목표에는 기한, 즉 최종 한계선이 있기 때문이다. 일상에서 어떤 약속을 할 때, 이것을 지키지 못하면 어떤 결과가 초래되는지 한번 생각해보자.

'지각생', '믿지 못할 사람' 등, 주변으로부터 불신을 받게 된다.

지금, 우리의 목표는 독서가 아닌가? 삶이란 긴 여정에서 책은 읽어도 되고, 안 읽어도 된다. 하지만, 성장이 필요한 사람에게 책은 꼭 필요한 영양분이다.

앞에서 언급했듯 선진국으로 갈수록 독서량은 증가한다. 이 말을 거꾸로 해석해보면, 책을 많이 읽는 나라가 선진국이 된다는 말이다. 국가발전이 아닌, 자기의 성장을 위해서라도 책은 꼭 읽어야 한다.

✓ **목표 실천을 위한 구체적 방법 – 시간을 확보하라**

바쁘다는 핑계로 책 읽을 시간이 없다고 말하는 사람을 자주 보았다.

'대한민국 국민은 정말 바쁘게 살아갈까?'

이런 생각을 가지고 자료를 찾아보았다.

문화체육관광부와 한국문화관광연구원이 발표한 '2014년 국민 여가활동 조사' 결과를 살펴보면, 우리나라 국민의 평일 평균 여가는 3.6시간, 휴일은 5.8시간으로 조사되었다.

구체적으로 TV 시청(51.4%), 인터넷(11.5%), 산책(4.5%), 게임(4.0%)

순이었다. 매일 TV를 본다고 응답한 비율은 무려 80.2%나 되었고, 1회 평균 시청 시간도 141.7분이나 되었다. 요즘은 스마트폰까지 한몫 거들었으니, 책 보는 시간은 점점 줄어들 수밖에 없다.

매일 2시간 이상의 TV 시청 시간!
이 시간을 조금 줄여보면 어떨까? 처음부터 많은 시간을 독서에 투자하란 말은 아니다. 스스로 조절 가능한 최소한의 시간, 의지로 실행 가능한 최소한의 시간을 만들어 독서에 투자하란 것이다.

이제 스스로 책 읽는 시간을 정해보자. 이것은 자기와의 약속이다.

나는 매일 (   ) 시간씩 책에 투자하겠다.

이렇게 한 달만 실천해보자. 이것이 습관이 되면, 독서는 성장의 씨앗으로 변한다. 씨앗이 새싹으로 자라면 하루하루 다른 모습으로 성장하는 것을 확인할 수 있다.

✓ 관심 분야 설정하기

당신은 한 달 동안 읽어야 할 독서량과 하루에 투자할 독서 시간을 설정했다. "이제 어떤 책을 읽어야 할지?", "어떤 쪽에 관심을 둬야 할지?"를 고민할 차례이다.

※ 관심 분야를 모두 체크해보자.

분야	/	/	/	/
☐ 소설				
☐ 시 / 에세이				
☐ 경제 / 경영				
☐ 자기계발				
☐ 인문				
☐ 역사 / 문화				
☐ 종교				
☐ 정치 / 사회				
☐ 예술 / 대중문화				
☐ 과학 / 기술 / 공학 / IT				
☐ 아동문학(동화, 동시)				
☐ 가정 / 육아				
☐ 건강 / 여행 / 요리 / 취미 / 스포츠				
☐ 기타				

✔ **평생 독서 계획서 작성하기**

평생 독서 계획서를 작성하고 이글바인더에 꽂아둔다. 평생 독서 계획서를 매일 보면서 각오를 새롭게 할 수 있다. 물론, 이렇게 적은 계획이 평생 같을 수는 없다. 독서를 하다 보면, 목표치를 좀 더 올리고 싶은 욕심이 생길 수도 있고, 관심 분야가 다양해질 수도 있기 때문이다. 그때마다 다시 계획을 세우고 평생 독서 계획을 다시 적어본다.

평생 독서계획

평생 독서목표 총 3,744 권

독서명언
독서란 사람이 밥을 먹고 운동을 하는 것과 똑같은 것이라 할 수 있다.
— 헬리 밀러 —

독서량	40대 (444~469)	50대	60대	70대	80대	90대	100대
주당	2권	2권	1권	1권	1권	0.5권	0.5권
연간	104권	104권	52권	52권	52권	26권	26권
10년간	624권	1040권	520권	520권	520권	260권	260권

독서에 임하는 나의 각오

독서는 내 삶의 일부이고,
독서하는 것은 살아있다는 증거다.
나는 독서를 통해 솔선수범하는
부모가 될 것이다.
더불어 사회 발전에 이바지하는
사업가로써 날마다 성장하는
사람이 될 것이다.

2017. 1. 30.
서약자 김윤희 (인)

Rolling Paper

짐윤희 대표님~
역시 리o는 리더다~
평소 열정과 지식
우아하면서도 명쾌한
강의는 늘 많은 독서를
통해서 만들어진 것이리라
생각해 봅니다.
You ooh~
김영귀의 이웃 존대설
김용덕
(서명)

평생 독서 계획

평생 독서목표	총	권	독서명언 독서란 사람이 밥을 먹고 운동을 하는 것과 똑같은 것이라 할 수 있다. — 헬리 밀러—					
독서량	대	대	대	대	대	대	대	대
주당	권	권	권	권	권	권	권	권
연간	권	권	권	권	권	권	권	권
10년간	권	권	권	권	권	권	권	권

Rolling Paper

독서에 임하는 나의 각오

20   .   .
서약자

4
드림보드 만들기

목표에 대한 꿈을 꾸는 것은 아주 긍정적인 행위이다. 이런 연습이 없다면, 꿈은 그냥 꿈으로 끝날 가능성이 높기 때문이다. 꿈도 실현 가능성을 더 높이기 위해 훈련이 필요하다. 이 훈련의 몇 가지 방법을 소개하겠다.

✔ 이루어진 것처럼 상상하라!

① 비전 선포
내 꿈을 백지에 적고 잘 보이는 곳에 붙인다. 비전 선포문을 보며 매일 자신의 꿈을 상상한다. SNS에 게시글로 올려 자기의 꿈을 여러 사람에게 알려도 좋다. 카카오톡 프로필 사진에 자기의 꿈을 적어 올리는 경우도 있다. 이런 식으로 세상에 내 꿈을 알려야 한다. 비전 선언문을 현수막으로 찍어 방마다 붙이는 사람도 있다. 과장이라 생각하면 큰 오산이다. 필자가 직접 본 일이기 때문이다. 방에 현수막을 붙인 사람은 불과 몇 년 만에 자기 꿈을 이뤘다.

② 드림 보드
꿈을 시각화해야 한다. 당신의 꿈이 '스타 강사'라면 수백 명 모인 곳에서 강연하는 사진이 필요하다. 사진 속의 강사 얼굴을 지우고 자기 얼굴을 넣는다. 이 사진을 출력해서 대형 화이트보드에 붙이다. 이 사진을 보며, 대중 앞

에서 열광하는 자신의 모습을 상상한다.

혹시, 마당과 정원이 있는 그림 같은 집에 살고 싶다면 그런 사진을 구해 드림보드에 붙인다. 이루고 싶은 모든 것을 상상할 때마다, 사진을 구해 드림보드에 붙인다. 드림보드는 눈에 잘 띄는 장소에 걸어둔다. 항상 보면서 제대로 상상해야 꿈을 이룰 수 있다.

③ 이미 이루어진 것처럼 상상하고 행동하라.
어떤 꿈이 있다면, 그 꿈의 주인공처럼 행동해야 한다. 만약, 세일즈에 자신이 있다면 '드림 세일즈 연구소'라는 그럴듯한 회사 하나를 만들면 된다. 물론, 사업자 등록 같은 것은 필요 없지만, 명함 정도는 꼭 있어야 한다. 회사 대표가 사업자등록증을 들고 다니며 보여주는 없어도, 명함은 자신을 소개하기 위해 꼭 필요하기 때문이다. 남에게 자기의 일을 소개할 때, 명함이 있는 것과 없는 것의 차이는 매우 크다. 필자도 이런 명함을 만들어서 예전부터 사용했다. 회사 이름은 달라졌지만, 그때 꿈꾸었던 그런 회사를 지금 운영한다.

꿈은 생생하게 꿀 때 반드시 이뤄진다. 꿈을 꾸는 방법도 훈련과 요령이 필요하다. 자기가 원하는 꿈은 시각화해야 좀 더 빨리 이룰 수 있다. 인디언이 기우제를 올리면 비가 꼭 온다고 한다. 비가 올 때까지 기우제를 올리기 때문이다.

꿈도 다르지 않다. 매일 꿈을 꾸고 상상하면 언젠가는 꼭 이뤄진다. 우리는 그 시간을 단축하기 위해 꿈꾸는 훈련을 할 뿐이다. 생생하게 꿈을 꾸고 성공한 사례는 너무도 많다. 이제는 당신 차례이다. 쉬지 말고 꿈을 꿔라. 꿈꾸는 자에게 그 꿈은 반드시 현실로 찾아온다.

✔ 꿈을 꾸는 방법

꿈은 하나로 부족하다. 이루고 싶은 모든 꿈을 모두 구체화하고 잘게 쪼개야 한다. 큰 꿈은 단숨에 이룰 수 없지만, 작은 꿈은 짧은 기간에도 이룰 수 있기 때문이다.

성공도 맛본 자만이 그 맛을 안다. 작은 성공이라도 맛본 자는 그 기쁨을 잊지 못한다. 이 맛을 본 사람은 또 다른 성공을 위해 항상 도전한다. 그래서 많은 꿈이 필요하다.

이렇게 하다 보면 큰 꿈에 도전할 용기가 생긴다. 작은 꿈들이 모여 만든 큰 꿈, 이런 꿈은 실패해도 좌절로 끝나지 않는다. 작은 꿈들이 모인 큰 꿈은 최소한의 보상을 해주기 때문이다.

작은 꿈을 왜 소중하게 생각해야 할까? 작은 꿈이 매일 펑펑 터지면 당신의 하루는 매일 축제가 된다. 축제가 계속되면 큰 꿈도 자연스럽게 이룰 수 있다. 천 리 길도 한 걸음부터란 말이 그냥 만들어진 말이 아님을 꼭 기억하자.

✔ 드림보드 만들기

꿈을 이루기 위해 드림보드를 만들어 보자. 이것이 바로 꿈을 이루기 위한 가장 쉬운 방법의 하나다. 드림보드는 여러 스타일로 만들 수 있다. 다음 설명을 보면서 자기에게 맞는 스타일 하나를 골라 꾸준히 만들어 보는 습관을 길러보기 바란다.

※ 핵심 키워드 + 이미지 중심

목표를 키워드 중심으로 적은 후, 필요한 사진을 붙이는 형태이다.

※ 이미지 중심

이루고 싶은 목표를 사진으로 붙인다. 예를 들어 새로운 자동차 사진을 붙였다면, 매직으로 날짜를 옆에 적는다. 기한을 정해야 작은 꿈도 이룰 수 있다. 문학 전집 완독이 목표라면, 책 사진 옆에 시작 날짜와 마치는 날짜를 표시한다. 이렇게 해야만 작은 목표도 성공할 수 있다.

앞에서 설명한 '상위 3% 성공자의 특징'과 '나의 꿈을 위해' 양식에 적은 내용을 여기에 적용해도 좋다.

※ 격언, 명언 중심

존경하는 인물이 했던 말, 가슴에 담아뒀던 말을 중심으로 적는다. 꼭 이런 말이 아니라도 자기에게 효과 있는 문장도 상관없다. 예를 들어 '아내'라는 소리에 정신이 번쩍 드는 사람이라면, "아내가 지켜보고 있다." 같은 문장도 효과적이다.

※ 마인드맵

마인드맵 스타일로 드림보드를 작성하면 화려한 스타일을 기대할 수는 없다. 하지만 실행계획의 세분화, 구체화에 큰 도움이 된다. 특히, 집중적으로 다뤄야 할 부분별 목표를 좀 더 세분화시킬 수 있다.

큰 보드가 있다면 세분된 계획 옆에 사진을 붙여도 좋다. 마인드맵 스타일의 단점을 보완하여 좀 더 아기자기한 드림보드를 만들 수 있기 때문이다.

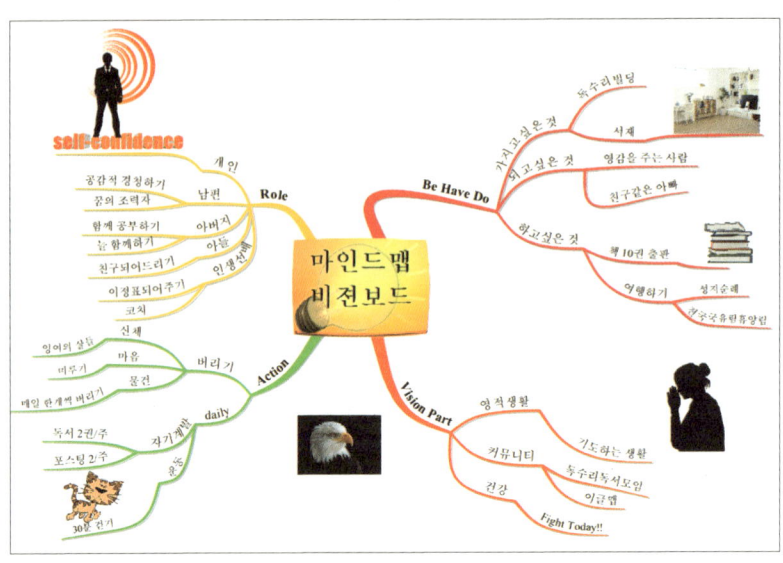

5
1시간 독서

지금까지 평생 독서 계획 세우기, 나의 꿈을 이루기 위한 요소 찾기, 한 달 독서 목표 정하기, 하루 독서 시간 설정하기, 관심 분야 찾기, 드림보드 만들기 등 많은 것을 살펴보았다. 이것들 대부분은 독서를 위한 준비 운동 정도로 볼 수 있다. 이제부터 구체적인 방법에 대해 살펴볼 순서이다.

✔ 1시간 독서

'독(讀)' 단계의 독서 시간은 하루 30분이었고, '수(修)' 단계는 1시간이 목표이다. 단계가 올라간다고 방법이 달라지지 않는다. 양적·질적으로 범위가 더 넓어진다고 생각하면 좋겠다.

'독(讀)' 단계의 실험 두 가지를 통해 당신의 읽기 속도를 이미 알아보았다. 이제 당신은 책을 보자마자, 책 한 권을 읽는데 걸리는 시간을 곧바로 예측할 수 있다. 그리고 나서 정해진 독서시간에 해당하는 분량으로 책을 나눌 수 있을 것이다.

'수(修)' 단계에는 하루 60분의 독서를 실천해야 한다. 방법은 '독(讀)' 단계와 동일하다. 빨간 펜을 들고 평소 읽는 속도로 책을 읽으면 된다. 처음에는 20분 독서로 시작하지만, 조금씩 시간을 올려 30분까지 도전해본다. 단계가 올라가도 30분 이상의 독서는 권하지 않는다. 30분이 넘어가면 집중력이 떨어지기 때문이다.

※ 하루 60분 독서 ①

20분 독서	5분 휴식	20분 독서	5분 휴식	20분 독서	5분 휴식

※ 하루 60분 독서 ②

30분 독서	5분 휴식	30분 독서	5분 휴식

✔ 자투리 독서

30분에서 60분으로 시간을 늘려 매일 책을 읽는 습관은 그렇게 쉬운 일이 아니다. 불과 30분이지만, 양으로 볼 때 2배가 늘어난 결과이다. 시간이 늘어나면 처음 며칠은 문제가 없지만, 시간이 지날수록 변수가 생길 수 있다.

직장 회식, 중요한 모임 등……. 이런 보틀넥(bottle neck, 병목)이 생기는 경우를 예상해서 준비해야 한다. 빠진 시간만큼 주말을 이용해서 독서를 보충할 수 있다. 하지만 독신이 아니라면, 주말 시간을 할애해서 혼자만의 시간을 갖는 것도 그렇게 만만한 일이 아니다.

예전 기억을 한번 떠올려보면, 화장실에서 책이나 신문을 본 경험이 있을 것이다. 바로 이런 공간을 이용하는 방법이다. 책 읽기 좋은 공간 중 하나가 바로 화장실이기 때문이다.

화장실은 아무에게 방해받지 않고 혼자 있을 수 있는 독립 공간이다.
나의 훌륭한 독서는 거의 화장실에서 이루어졌다."

- 헨리 밀러Henry Miller -

어떤 사람은 엘리베이터를 기다리는 시간에 책을 본다. 책 읽을 시간이 부족하다 보니, 틈틈이 시간을 만들어 내는 것이다. 고층빌딩에 엘리베이터 대수가 적거나 오래 기다려야 한다면, 이 방법도 유용하게 쓸 수 있다.

필자의 경우, 책을 읽기 위해 약속 장소에 일찍 도착한다. 책 읽을 시간도 벌 수 있지만, 책을 읽고 있는 상대방의 모습을 보면서 확실한 믿음을 줄 수 있기 때문이다.

'약속 시각을 철저히 지키는군!'

'시간을 쪼개서 책을 읽다니……, 시간을 저렇게 활용하는 사람이라면 같이 일해도 좋겠군!'

물론, 책을 읽음으로써 지적인 모습까지 보여줄 수 있으니 금상첨화가 아닐 수 없다. 이렇게 시간을 쪼개면, 적어도 한 달에 한두 권은 족히 읽을 수 있다. 이정도 시간이면 일주일을 번 셈이 아닌가?

바쁘다고 시간이 없다는 핑계를 댈 필요도 없다. 주 중에 빼먹은 독서 시간도 이렇게 채울 수 있기 때문이다. 자투리 시간을 잘 활용하면 꽤 많을 시간을 얻게 된다.

변명 중에서도 가장 어리석고 못난 변명은 '시간이 없어서'라는 변명이다.

- 에디슨 -

우리 국민은 한 달에 두 권도 책을 읽지 않는다. 자투리 시간만 잘 활용해도 선진국에 버금가는 독서문화가 정착될 수 있다. 세계를 정복한 나폴레옹은 전쟁터에 가면서도 엄청난 양의 책을 가지고 다녔다. 나폴레옹은 자투리 시간이 날 때마다 책을 읽었다.

요즘 수업 시작 전, 아침 독서를 시행하는 초등학교가 많아졌다. 우리가 어릴 적에는 이런 시간이 없었다. 한 편으로 부럽고 다른 한 편으로 흐뭇하다.

이런 방법을 조금 응용해 볼 필요도 있다. 아침에 일어나 10분이라도 책을 잡아보자. 하루 10분씩 1주일이면 펑크 난 독서 시간을 충분히 채울 수 있다. 아침마다 비타민 같은 영양제를 먹듯, 아침 독서 10분으로 영혼의 비타민을 먹어보는 것이다.

천 리 길도 한 걸음부터 시작한다. 틈을 내어 독서를 하다 보면 좋은 습관이 정착하게 된다. 이제부터 가방 속에 책 한 권 정도는 필수품으로 넣어 두어야 한다. 특히, 여성에게 꼭 해주고 싶은 말이 있다. 명품 가방 하나가 당신을 우아하게 만들어주지 않는다. 당신의 허름한 가방에서 나온 두툼한 책 한 권이 오히려 당신을 우아하게 만들어 줄 수도 있다. 그녀의 프라다 백에서 나온 한 권의 책! 남자는 이런 여자에게 더 호감을 느낀다.

자투리 시간이란, 뭔가 하다가 남은 시간이 아니다. 필자는 자투리 시간을 이렇게 생각한다.

"자투리 시간이란, 자기에게 투자하는 이로운 시간이다."

6
TV 없애기

    독서를 방해하는 원인이 다양하다. 약한 의지나 게으름 같은 개인적 요인도 있고, 직장 회식, 중요한 모임 같은 외부적 요인도 있다. 게다가 거실의 TV, 손안의 스마트폰 등 환경 요인도 무시할 수 없다. 자녀들의 교육을 위해 책 읽기 좋은 집안 분위기를 만들고 싶지만, 마음만큼 쉽게 되지 않는 것이 바로 독서 환경이다. 교육과 환경을 말할 때, 맹모삼천지교(孟母三遷之敎)[23]라는 말을 빼놓을 수 없다.

> 맹자가 어머니와 처음 살았던 곳은 공동묘지 근처였다. 놀 만한 벗이 없던 맹자는 늘 보던 것을 따라 곡(哭)을 하며 장사 지내는 놀이를 했다. 이 광경을 지켜본 맹자의 어머니는 다른 곳으로 이사했는데, 하필 시장 근처였다. 이번에는 맹자가 시장에서 물건을 사고파는 장사꾼들의 흉내를 내면서 놀았다. 맹자의 어머니는 다시 이사하기로 마음을 먹었다. 이번에는 글방 근처였다. 그랬더니 맹자가 제사 때 쓰는 기구를 늘어놓고 절하는 법, 나아가고 물러나는 법 등 예법에 관한 놀이를 하였다.

    이러한 어머니의 노력으로 맹자는 유가(儒家)의 뛰어난 학자가 되어 아성(亞聖)이라고 불리게 되었으며, 맹자 어머니는 고금에 현모양처(賢母良

---

23   네이버 지식백과 – 두산백과

妻)의 으뜸으로 꼽히게 되었다.

우리도 맹모처럼 도서관 근처로 집을 옮기면, 이 문제를 쉽게 해결할 수 있을까?

✔ 거실을 서재로 만들자?

"거실을 서재로……!"

언제부터인가 흔하게 듣는 말이 되어 버렸다. 거실을 서재로 만드는 일은 그렇게 쉬운 일이 아니다. 큰 책장 하나에 책 150권 정도가 들어간다. 책장 하나를 꽉 채우려면 비용만 해도 백만 원이 훌쩍 뛰어넘는다. 거실을 서재로 만들려면, 책장 서너 개 이상은 있어야 한다. 서재를 만들려면 상당히 많은 돈이 들어가는 것을 감당해야 한다. 하지만 문제는 여기서 끝나지 않는다.

"과연 어떤 책으로 서재를 채워야 할까?"

책장 속에 아무 책이나 꽂을 수 없기 때문이다. 평생 책을 읽으며 공부한 학자라면 큰 문제가 없겠지만, 보통 사람에게 이 일은 또 하나의 걸림돌이 될 수도 있다.

〈넓은 거실을 서재로 만들어 도서관 같은 느낌을 연출할 수 있다〉

거실을 서재로 바꾼다는 것은 인테리어를 바꾸는 단순한 행위가 아니다. 이것은 바로 환경이 바뀌는 변화의 첫 단추가 되기 때문이다. 결국, "거실을 당장 서재로 만들어라."는 말은 일정한 준비 기간 없이 마음만 먹는다고 해결되는 단순한 작업이 아니다.

✓ TV 시청 시간 > 국어 수업 시간

TV 시청은 대한민국 모든 국민의 여가활동에 큰 비중을 차지한다. 문화체육관광부와 한국문화관광연구원이 발표한 '2014년 국민 여가활동 조사' 결과를 살펴보면, 우리나라 국민이 매일 TV를 본다고 응답한 비율은 무려 80.2%나 되었고, 1회 평균 시청 시간도 141.7분이나 되었다. 여기에는 아이들의 TV 시청도 포함되어 있다. '매일 2시간 이상의 TV 시청'은 교육과정에서 국어 수업이 차지하는 시간보다 두 배 정도 더 많은 양이다. 이런 상황은 비단 우리나라뿐 아니라 다른 나라에서도 심각한 문제로 여긴다.

프랑스 유명 소설가인 다니엘 페낙(Daniel Pennac)의 〈소설처럼〉에서 아이들의 TV 시청과 부모의 방관에 대해 지적했다.

> 교육과정에서 국어가 차지하는 비중보다 텔레비전을 시청하는 시간이 더 많다는 것은 아주 큰 문제이다. 하지만 부모 대부분은 알면서도 그냥 넘어간다.

여기서 관심 있게 봐야 할 것이 바로 '부모의 방관'이다. 부모 대부분은 TV 시청이 아이에게 나쁘다는 것을 알지만, 여러 가지 이유로 인해 TV를 없애지 않는다. 하지만 이런 환경 속에서도 자녀에게 거는 기대는 적지 않다.

"공부해라, 책 읽어라."

부모는 거실에서 TV를 보며 아이에게 학습을 강요한다. "콩 심은 데 콩 나고 팥 심은 데 팥 난다."는 말처럼 자식 농사 역시 뿌린 대로 거두는 게 당연하다. 대부분 부모는 드라마, 스포츠의 유혹 때문에 TV를 버리지 못한다. 이제 말만 하지 말고 먼저 실천하는 모습을 보여주는 것이 어떨까? 지금 당장 '거실을 서재'로 만들 필요는 없겠지만, TV를 치우는 것부터라도 해야 한다. 물론, TV를 치우라고 하면, 반발도 무시할 수 없다.

"애들이 TV를 못 보면, 학교생활이 안 되는데……."하면서 아이들 핑계부터 꺼내는 사람이 있다. 필자의 집에도 초등학생이 있다. 하지만 태어날 때부터 집에 TV를 두지 않았다. 그런 까닭인지 몰라도 아이는 TV라는 단어를 사용하지 않으며, 심심해도 TV를 찾지 않는다. 처음부터 TV가 없었기 때문이다. 항상 책 보는 것이 놀이인 줄 알면서 자랐다.

TV를 없애면 바쁜 일상이 여유로워진다. 지금까지 TV 시청에 많은 시간을 빼앗겼다. 잃어버린 141분을 찾고 싶지 않은가? 매일 하루 2시간의 여유가 생긴다면, 일주일에 책 한 권은 충분히 읽을 수 있다. 책과 TV는 결코 어울릴 수 없는 물과 기름 같은 존재이다. TV와 책을 동시에 보는 일은 불가능하다는 것을 꼭 명심해야 한다.

7
백색소음

  도서관 자유 열람석에 몇 시간 있어 보면, 자리를 비우거나 휴게실에서 수다를 떠는 학생들을 볼 수 있다. 게다가 점심시간이 지나면 코를 골며 자는 학생도 종종 있다. 이런 일이 자주 반복되지만, 조용한 곳에서 공부가 잘될 거라는 선입견 때문에 많은 사람이 도서관을 찾곤 한다.

  이런 경우도 있다. 약간 혼잡하고 그렇게 조용하지도 않은 커피숍에서 책을 보는 일이다. 요즘 이런 곳에서 책을 보거나 공부하는 사람이 많아졌다. 물론 필자도 커피숍을 자주 찾는다. 약간 혼잡하고 그렇게 조용하지도 않지만, 책도 잘 읽히고 글도 잘 써지기 때문이다. 이런 공간에서 오히려 집중력이 더 높아지는 이유가 있다. 바로 '백색소음'의 효과 때문이다.

✔ 백색소음

  '백색소음'에는 시냇물 소리, 비 오는 소리, 파도 소리, 작은 대화 등이 해당한다. 백색소음은 집중력 강화, 기억력 향상, 스트레스 감소, 학습시간의 단축 효과가 있다.

⟨대구출판산업지원센터- 북카페⟩

집중력	기억력	스트레스	학습시간
47.7%▲	9.6%▲	27.1%▼	13.6%▼

독서 습관을 만들기 위해 자기만의 아지트가 있으면 더 좋다. 굳이 집, 도서관 같은 조용한 장소를 고집할 필요가 없다. 집 주변을 둘러보면 자기에게 맞는 편안한 장소를 쉽게 찾을 수 있다. 책을 손에 쥐었다면 잡념을 버리고 집중하는 습관을 만들어야 한다. 이런 습관을 들이기 위해 백색소음을 이용하면 효과를 볼 수 있다.

⟨대구출판산업지원센터- 북카페⟩

이런 장소가 주는 또 한 가지 장점이 있다. 바로 환경이 주는 긴장감이다. 집에서 책을 보다가 잠이 오면 소파에 잠깐 앉을 수 있다. 그러다가 깜빡 잠이 들기도 한다. 긴장이 풀렸기 때문에 몸도 마음도 아주 자유롭다. 하지만 커피숍은 그렇지 않다. 집을 나가기 위해 옷을 갖춰 입고, 양말도 신어야 한다. 게다가 커피숍은 주변의 시선도 고려해야 한다. 이런 긴장감이 독서를 몰입하게 도와준다.

✔ 기억력을 향상하는 또 다른 기술

커피숍은 '백색소음' 외에도 또 다른 이점이 있다. 바로 커피가 주는 효과 때문이다. 커피는 도파민을 분비하여 신경을 자극하고 알파파를 만들어 준다. 의학적으로 알파파는 심신이 안정된 상태, 두뇌활동이 활발하여 가장 공부가 잘되는 상태이다. 특히 집중력과 기억력, 사고력이 최고로 향상되는 두뇌 상태를 만들어 준다.

과다한 카페인 섭취는 건강에 해롭다. 하지만, 책을 꼭 읽어야 할 상황이라면 집중력, 기억력, 사고력을 최고로 만들어 보는 것도 나쁘지는 않다.

이와 비슷한 예가 몇 가지 더 있다. 바로 껌이다. 껌을 씹으면 해마(학습, 기억 및 새로운 것 인식 등의 역할)에 혈류량이 증가하고 세로토닌의 분비가 촉진된다. 게다가 껌은 졸음을 쫓아 주기도 한다.

칼슘이 들어간 우유도 불안 해소, 긴장 완화, 기억력 향상에 도움을 준다.

차 한 잔을 고를 때도 스스로 몸 상태를 먼저 살펴보면 어떨까? 그리고 스스로 몸에 맞는 기호식품을 미리 찾아보는 것도 좋은 방법이다. 이런 방법을 독서를 위한 또 하나의 전략으로 사용하면 목표 달성에 많은 도움이 된다.

> 책 읽기 팁 – 책과 이글바인더를 동시에 갖고 다니는 게 힘들어요!

책을 읽고 나면 독수리 노트에 정리해야 한다. 하지만 오늘은 홀가분하게 책만 들고 조용한 커피숍을 찾고 싶다. 이럴 때 써먹으면 좋은 방법 하나가 있다.

바인더 링을 열어 독수리 노트 몇 장을 꺼내, 책 앞뒤 면에 있는 책날개 속으로 쏙 집어넣는다. 간혹, 책날개가 없는 책도 있다. 이럴 때는 책 표지 속에 노트를 쏙 밀어 넣고, 집게로 집어준다.

〈책날개 속에 들어간 독수리 노트〉

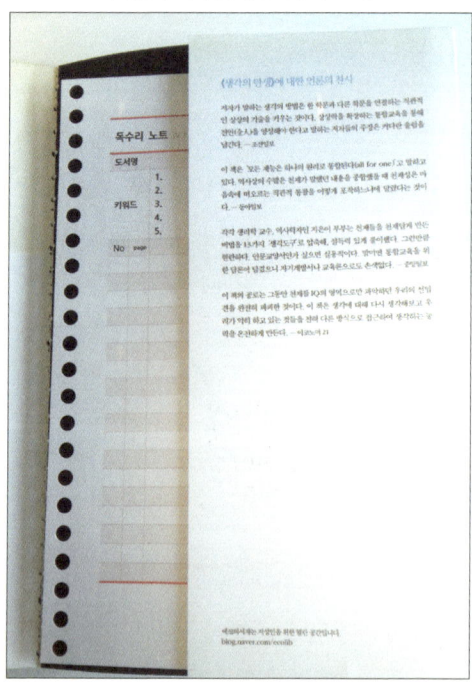

8
태극 인덱스 독서

'수' 단계의 읽기 방법은 '독' 단계와 조금 차이가 있다. '독' 단계에서 빨간 펜을 이용하여 밑줄도 긋고, 별표도 치면서 책을 괴롭혔다. '수' 단계는 여기서 한 가지 방법이 더 추가된다.

✓ 업그레이드 빨간 펜 독서

'독' 단계에서 배운 빨간 펜 독서법을 다시 한번 살펴보자.

① 밑줄 긋기
② 옆줄 긋기
③ 중요 표시, 별표
④ 여백에 숫자 쓰기
⑤ 다른 페이지 수 써넣기
⑥ 동그라미, 네모 치기

여기서 하나 더 추가되는 항목이 바로 '⑦ 여백에 적기'이다. 책을 읽다가 떠오르는 질문이나 생각, 요약 등을 적는다. 페이지 위나 아래 여백을 적극적으로 활용한다.

책을 내 것으로 만들려면 위와 같은 방법으로 책을 괴롭혀야 한다. 7가지 중에서 가장 중요한 것이 바로 '⑦ 여백에 적기'이다.

여백에 무엇을 적어야 할까? 자기의 다양한 생각을 여백에 채워야 한다. 이것은 독자와 저자의 대화이기 때문이다. 이런 메모가 자꾸 쌓이다 보면, 독자 스스로 저자의 수준까지 올라갈 수 있다.

책이 더러워질까 봐 메모하지 못하는 사람을 종종 보았다. 그런 사람을 위해 꼭 필요한 충고 하나가 있다.

지금까지 두 번 이상 정독한 책이 과연 몇 권이나 있을까? 물론, 여기서 수험서나 참고서를 예외로 둔다면, 두 번 이상 본 책은 거의 없을 듯하다. 그렇다면 굳이 책을 깨끗하게 보면서 애지중지 모셔놓을 까닭이 전혀 없다.

메모하면 책은 더러워지지만, 지식은 깔끔하게 정리되어 내 머릿속에 들어온다는 사실을 기억하기 바란다.

✔ 메모가 왜 중요한가?

예전에 박세리 선수가 LPGA에서 우승했을 때 일이었다. 어느 기자가 박세리에게 이런 질문을 했다.

"미국에서 제일 인상적인 일이 무엇인가요?"
이 말에 그녀는 이렇게 답했다.
"바로 메모하는 습관입니다. 나의 스승인 레드베터는 모든 것을 메모합니다. 새로운 필드의 코스, 주의해야 할 지역, 마음을 편하게 만드는 음식점, 편히 쉴 수 있는 숙소, 동료와의 교제, 플레이 중의 매너와 제스처 등을 모두 기록합니다. 그의 세심한 메모가 나에게 시행착오 없는 성장을 이루게 했습니다."

신문[24]을 보면서 고개를 끄덕였다.

성공한 사람들의 중요한 습관 중 하나가 기록이다. 아인슈타인은 떠오른 생각을 곧바로 메모했고, 에디슨은 자신의 모든 아이디어를 스케치했다. 다빈치는 열중하여 생각한 내용으로 노트를 가득 채웠다. 발명을 하든지, 예술을 하든지, 운동을 하든지……, 메모라는 습관은 성공으로 이어주는 중요한 열쇠이다.

책을 읽다가 아이디어가 떠오르면, 책 빈 곳에 즉시 메모해야 한다. 이것은 저자와의 대화가 될 것이다. 책을 다 읽은 후, 감상을 메모해도 좋다. 이것은 당신 삶의 철학이 될 것이다.

공부를 하든, 사업을 하든, 운동을 하든, 메모하는 습관은 자기의 기록을 만드는 중요한 행위이다. 이렇게 남긴 기록은 언젠가 삶의 업적으로 돌아올 것이다.

✔ **태극 인덱스 독서**

업그레이드된 빨간 펜 독서법에 빨간색·파란색 날개를 달아보자. 빨강·파랑 플래그 인덱스 탭으로 지식을 분류하는 방법이다.

빨간색과 파란색으로 구분하기 때문에 '태극 인덱스 독서'로 부른다. 이 방법 역시 '독', '수', '리'로 구분하기 위해 거쳐야 하는 중간 과정이다.

---

24 스포츠 경향

독(讀)	파란색	읽은 것 : 좋은 내용, 새롭게 알게 된 내용(지식) 등
수(修)		갈고 닦을 것 : 나에게 적용하면 좋은 내용 (배움, 실천), 새로운 것에 적용할 아이디어(활용) 등
리(理)	빨간색	이치, 생각 : 저자의 생각에 대한 긍정 또는 부정 의견, 이유

'독', '수', '리', 셋으로 정보를 구분하기 전에, 태극(빨강, 파랑)으로 나누는 이유가 있다. 독서 입문 단계에서 '독', '수', '리'라는 세 가지로 분류를 시켜보면, 뜻밖에 많은 질문이 들어오기 때문이다.

"이 문장은 '독'인가요?"

"제가 보기에 이 문장은 '수' 같은데……."

'독'과 '수'의 충돌이다. 입문 단계에서 이 둘의 충돌은 자주 일어난다. 하지만 '수' 단계에서 이것을 정확하게 구분할 필요는 없다. 입문 단계에서는 빨간색과 파란색, 둘로 구분해도 충분하다.

파란색 인덱스	객관적 정보
빨간색 인덱스	주관적 정보

✔ 태극 인덱스 붙이는 법

이 책에서 사용하는 플래그 인덱스 탭은 여러 회사에서 다양한 제품으로 판매된다. 플래그 인덱스 탭의 치수는 대략 38×25㎜이다.

'태극 인덱스 독서'는 기준에 따라 파란색, 빨

간색으로 구분하여 붙인다. 물론, 잘못 판단한 곳은 다시 떼어 옮길 수 있다. 플래그 인덱스 탭을 붙일 때 자기만의 요령이 있어야 한다. 제대로 붙여야 제대로 활용할 수 있기 때문이다. 플래그 인덱스 탭은 책을 덮었을 때 약 2mm 정도 튀어나오게 한다. 너무 많이 튀어나오면 책장과 부딪혀 구겨지고, 반대라면 붙여도 색을 구분할 수 없다.

✔ 태극 인덱스 활용

플래그 인덱스 탭은 책을 다시 읽을 때 효과를 발휘한다. 시간은 없고, 책을 빨리 파악해야 할 때, 매우 탁월하다.

객관적 정보만 파악해야 할 때는 파란색 부분만 넘기면서 읽는다. 이런 정보는 인용문, 참고문으로 써먹기 좋다.

빨간색은 주관적 정보가 있는 곳이다. 즉, 책에 대한 생각, 저자에 대한 의문을 메모해 둔 곳이다. 감상문을 적을 때, 주제로 쉽게 뽑을 수 있다. 이런 식으로 책을 읽으면, 책의 전체 구조나 맥락이 한눈에 들어온다. 그리고 책의 요점이나 키워드를 재빨리 요약할 수 있다.

〈빨간 색과 파란 색으로 지식을 분류한다〉

9
다른 분야 맛보기

'독' 단계에서 읽기 좋은 책, 편한 책 위주로 읽었다면, '수' 단계에서는 자기 분야를 찾기 위해 책의 수준을 조금 올려야 하고, 독서 시간도 더 늘여야 한다.

✓ 개론서

'수' 단계의 독서 목표는 4권이다. 물론 다음 단계는 더 올라간다.

30분에서 60분, 2권에서 4권은 단순한 수의 증가 아니다. 당신이 투자해야 할 모든 것의 합이 처음보다 모두 2배가 늘어난 수치이다.

차에 기름을 넣어야 하는데, 어제까지 1,000원 했던 기름값이 오늘은 2,000원으로 올랐다고 생각해보자. 차에 기름을 가득 채워달라고 할 수 있겠는가? 대부분 절반만 채우거나, 매번 넣던 금액만큼 넣어달라고 할 것이다.

이제 당신은 '독서 시간'과 '독서량'이라는 두 마리 토끼를 동시에 잡아야 한다. 게다가 책의 수준도 조금 올려야 한다.

'수' 단계에서 집중적으로 읽어야 할 책은 특정 분야의 개론서이다. 여기서 말하는 '개론서'란 대학 교재로 주로 사용되는 문학 개론, 철학 개론, 윤리학 개론 같은 책이 아니다. 전문분야의 내용을 다뤘지만, 일반인을 대상으로 편하게 읽을 수 있는 책을 말한다. 예를 들면 유홍준 교수의 〈나의 문화유산 답사기〉, 정민 교수의 〈다산의 지식경영법〉, 〈박시백의 조선왕조실록〉, 윤태호의 〈미생〉, 테라사와 다이스케의 〈미스터 초밥왕〉 같은 책을 꼽을 수 있다.

독서법을 배우는 성인에게 만화를 읽으라고 하면, 분위기가 어수선해진다.
"뭐? 독서를 하는데 만화를……?"
"우리가 애들이야……."

하지만, 설명을 조금 더 듣고 나면 생각이 달라질 수도 있다.
〈미생〉, 〈박시백의 조선왕조실록〉, 〈미스터 초밥왕〉은 모두 만화책이 맞다.
"만화책 저 정도는……."
이렇게 혼잣말을 하면서 큰소리치는 사람도 분명 있을 것이다.

필자가 성인을 대상으로 독서수업을 하면서 지금과 똑같은 방법으로 만화책을 권한 적이 있었다.
"박시백의 조선왕조실록이 20권이니까, 하루에 한 권씩 20일 동안 끝내는 사람에게 선물을 드리겠습니다."

　모두 자신 있다는 표정이었다. 하지만 20일에 끝낸 사람은 단 한 명도 없었다. 이런 책은 시간이나 죽이면서 재미로 보는 일반적인 만화와 차원이 다르기 때문이다. 박시백의 조선왕조실록은 1주일에 한 권 정도 읽으면서, 조선 시대에 대한 전체적 개념을 잡는 데 많은 도움이 된다.

　필자가 만화책을 성인에게 권하는 까닭은 책과의 친밀감을 느끼게 하고, 두꺼운 책에 대한 두려움을 없애며, 전문 영역을 탐색하는 기회를 만들어 주기 위해서이다.

✓ 소설

　소설은 작가의 상상력에 바탕을 둔 허구적 이야기이다. 하지만 현실보다 더 리얼하게 스토리를 만들어 낸다. 허구 같지만, 현실보다 더 실감 나는 소설을 우리는 왜 읽어야 할까?

　첫 번째, 소설은 인문학이기 때문이다. 의사, 법학자, 과학자, 회계사 같은 직업을 가지려면 그 분야의 전문성을 가져야 한다. 하지만 모든 직업의 바탕에는 휴머니즘, 즉 인문학적 소양이 깔려야 한다. 그렇지 않으면 사회는 혼란에 빠질 수 있다.

　인문학(人文學)이란 무엇인가? 글자 그대로 풀어보면, '인간과 인간의 문화를 다루는 학문'이란 뜻이다. 이런 점에서 볼 때, 소설은 인문학이다. 소설은 인간 세계를 배경으로, 다양한 사람들의 삶을 다루기 때문이다. 특히, 소설은 사람의 내면에 숨어 있는 본성을 드러내고, 이성을 자극함으로써 폭넓은 인문적인 소양을 만들 수 있게 도와준다.

두 번째, 소설은 사회과학이기 때문이다. 소설가 황석영의 인터뷰 〈소설을 읽어야 하는 이유〉에서 보면, 386세대는 소설을 읽지 않는다고 한다. "사회과학 책 읽을 시간도 없는데 소설 읽을 시간이 어디 있느냐?"

얼핏 보면 틀린 말이 아닌 것 같다.

문학은 동시대인의 생각과 살아가는 모습을 담았다. 그것도 아주 리얼하게 현실을 파헤치며 묘사한다. 이 정도면 소설도 사회과학으로 볼 수 있다.

마지막으로 소설은 자기계발서이다. 대한민국에서 가장 잘 팔리는 분야가 자기계발서이다. 자기계발서를 읽었다면, 실천해서 성공해야 한다. 그런데 자기계발서를 읽은 사람이 계속해서 또 다른 자기계발서를 산다. 자기계발에 실패했기 때문일까?

문제는 자기계발서가 독자의 가슴에 파고들지 않기 때문이다. 소설가 황석영은 〈소설을 읽어야 하는 이유〉에서 "책에는 무수한 사람의 인생이 깃들어 있다. 실제 생활에서는 거짓밖에 보이지 않지만, 문학에서는 그의 내면, 뒤안길, 영혼의 깊이가 담겼다. 이를 통해 타자를 이해하고 세상을 이해하면서 자기 안에 깊은 터가 생긴다. 소설을 많이 읽은 사람은 실직이나 이별 등, 인생의 고비가 올 때 너끈히 극복할 힘이 생긴다."라며 소설이 주는 힘을 강조했다. 이 정도면 소설의 힘이 자기계발서 못지않게 강력하다는 것을 깨닫게 한다.

소설은 얼핏 보면 지루해 보이지만, 가장 재미있는 장르 중 하나이다. 게다가 모든 분야를 아우르고 있다. 경제, 정치, 사회, 역사, 자기계발까지……. 그래서 단 한 가지 장르를 선택하라면, 단연코 소설을 꼽을 수밖에 없다. 하지만 지금 단계에서 소설을 마구잡이로 읽는 것은 권하고 싶지 않다. 아직은 시작 단계이기 때문이다.

> ※ '수' 단계에서 읽어야 할 소설의 기준 (세 가지 모두를 만족)
>
> ① 국내소설: 애국심에 호소하는 이유가 아니다. 소설은 시대상을 담고 있다. 국외 소설의 경우, 서양 철학을 알아야 이해할 수 있는 책들이 많다. 게다가 잘못된 번역으로 인해 우리말의 오류를 여과 없이 받아들일 수 있기 때문이다.
>
> ② 300페이지 미만 : 장편 소설 중 300페이지 미만의 책을 고른다. 단편 소설이 여러 개 모인 책은 좋지 않다. 단편 소설은 압축기법의 결집체이기 때문에 문장도 어렵고, 구조 파악도 쉽지 않다.
>
> ③ 베스트셀러 또는 스테디셀러 : 개인적으로 베스트셀러를 권하지 않는다. 하지만 유행하는 베스트셀러를 읽고 나면 주변 사람과 대화를 편하게 나눌 수 있다. 게다가 베스트셀러는 문학적이기보다 흥미 위주가 많다. 독서 입문 단계에서는 흥미 위주의 독서도 습관을 만드는 데 상당한 도움을 준다.

처음부터 욕심낼 필요가 없다. 한 계단 한 계단 밟아 올라가는 것이 가장 빠른 지름길이다.

✔ 자기계발서

많은 사람이 동기부여를 하기 위해 자기계발서를 읽는다. 자기계발서를 읽고 나면 짧은 시간이나마 의욕이 넘친다. 일종의 플라시보 효과[25]가 발동

---

25 플라시보 효과, 에밀쿠에의 법칙이라고 한다. 약사였던 쿠에는 찾아오는 환자들을 통해 우연히 "위약효과"라고 불리는 플라시보 효과를 확인하게 되고, 이를 더욱 발전시켜 자기암시(Autosuggestion) 라는 자신만의 암시 요법을 창안했다.

하기 때문이다. 자기계발서 대부분은 긍정적 내용을 다룬다. 기력이 떨어졌을 때 보약을 먹듯 자기계발서를 읽으면 에너지를 충전시킬 수 있다. '정신적 피로 회복제'라고 해도 틀린 말이 아니다. 하지만 이것도 자주 먹고 나면 약효가 오래 가지 않는다. 필요할 때마다 적절히 사용하는 것이 가장 좋다.

〈꿈꾸는 다락방〉으로 유명한 이지성 작가의 〈생각하는 인문학〉에서 "자기계발 서적을 많이 읽으세요. 자기계발 서적은 당신의 두뇌 안에 긍정적인 사고회로를 만들어 줍니다."라며 칭찬을 아끼지 않았다.

필자 역시 이런 목적으로 자기계발서를 읽었다. 자기계발서를 처음 접할 때 느낌은 정말 신선했다. 온종일 가슴이 벅차고 활기가 넘쳐흘렀다. 하지만 자기계발서를 많이 읽으면 읽을수록 그런 느낌은 점점 시들어졌다. 백여 권쯤 읽고 나자 이제 그런 느낌은 온데간데없이 사라지고 말았다. 오히려 지금까지 읽은 책 모두가 비슷하다는 느낌이 들었다.

꿈, 희망, 성공, 시간 관리…….

이것이 자기계발서에서 다루는 주제 전부였다. 하지만 자기계발서 덕분에 생긴 의외의 소득 하나가 있었다. 바로, 독서 습관의 정착이었다. 짧고 간결한 내용을 자주 읽다 보니, 책을 읽는 시간이 점점 늘어났고, 결국 습관으로 만들 수 있었다. 바로 이것이 자기계발서가 주는 가장 큰 선물이라 생각한다.

10
책 고르기

'수' 단계는 다양한 분야의 책을 접해야 할 시기이다. 개인마다 관심사가 달라서 필자가 콕 짚어 어떤 분야를 골라줄 수는 없다. 스스로 자기만의 분야를 찾고, 책도 스스로 선택할 수 있는 능력을 길러야 한다.

✔ 서점에서 책 고르는 방법

애들러의 〈생각을 넓혀주는 독서법〉에는 독서 단계마다 특징을 소개한다. 2수준[26]인 '살펴보기'에서 '훑어보기(Skimming)' 기술을 읽기 방법으로 소개했다. 하지만 필자가 판단하기에 '훑어보기' 기술을 입문 단계에서 책 읽기 방법으로 적용하기에는 많은 무리가 따른다. '훑어보기'는 책을 대충 읽는 방법이기 때문이다. 이 방법은 특정 분야에 상당한 지식이 쌓였을 때 가능하다. 가령 논문을 써야 하는데, 많은 책을 짧은 시간에 검토해야 하는 경우가 있다. 이럴 때, '훑어보기' 기술을 유용하게 써먹을 수 있다. 하지만, 지금은 '입문 단계'이다. 이 단계에서 '훑어보기' 기술의 사용은 아주 위험한 선택이다. 필자는 이 기술을 '읽기'가 아닌 '책 고르는 방법'으로 사용한다.

---

26 〈생각을 넓혀주는 독서법〉에서 제시하는 독서는 4단계이다. 2수준은 독서 입문 단계에 해당한다.

1. 속표지나 서문을 보라

재빨리 살펴라. 특히 그 책이 어떤 분야의 책인지, 무엇을 목적으로 썼는지, 주제에 대한 저자의 관점은 무엇인지를 보여주는 부제를 눈여겨보아야 한다.

2. 목차를 보라

책의 구조를 쉽게 알 수 있다. 여행을 떠나기 전에 들여다보는 지도라고 생각하면 된다. 그런데 많은 사람이 목차를 전혀 들여다보지 않는 사실에 놀라움을 금하지 않을 수 없다. 책에 무슨 내용이 있는지 알고 싶어 하면서도 목차를 들여다보지 않는다니. 실제로 저자들은 오랜 시간을 투자해서 목차를 만든다. 이런 노력이 하찮은 것이 된다는 것은 정말 안타까운 일이다.

3. 색인을 보라

대부분 전문서적이나 비소설 분야의 책에는 색인이 있다. 색인에 나와 있는 용어, 책, 참조된 저자들을 훑어보라. 중요해 보이는 색인어를 찾아 그 내용이 있는 부분을 읽어보라. 그곳에 이 책에서 중요하게 다루는 내용의 요점이 있을 수도 있고, 저자의 가치관, 견해에 대한 실마리를 얻을 수도 있다.

4. 표지에 있는 광고문을 보자

출판사 광고문을 보는 느낌은 어떤가? "100% 순수과장!" 이렇게 느낄 수도 있다. 하지만 절대 그렇지 않다. 전문서적이나 해설서의 경우에는 더더욱 그렇지 않다. 이런 책들의 광고문은 저자들이 출판사의 도움을 받아 직접 쓴다. 저자들은 자신의 책에 있는 내용을 가능한 한 정확하게 요약한다. 이런 노력을 그냥 넘겨서는 안 된다. 출판사 광고가 별 볼 일 없어 보인다면 책이 별 볼 일 없을 수도 있다.

서점에서 책을 고를 때 이 4가지 방법을 사용하면 아주 효과적이다. 이렇게 하면, 책 1권당 약 5~10분 정도가 소요된다. 1시간에 6~12권 정도를 볼 수 있지만, 실제 그보다 더 많은 책을 살필 수 있다.

이 방법이 습관으로 자리 잡히면, 기준에 맞지 않는 책은 1~2분 안에 버릴 수 있다. 1시간 동안 좋은 책 2~3권만 찾아내더라도 대단한 소득이 아닌가?

이 방법이 100% 성공한다는 보장은 없지만, 실패할 가능성을 충분히 줄여준다는 것은 확실하다.

✔ 영역의 확장

책의 감동은 항상 같을 수 없다. 처음에 읽었던 책이 깊은 감동을 주었다 하더라도 시간이 지나 다시 읽었을 때 같은 평가가 내려진다는 보장은 없기 때문이다. 다양한 책을 읽고, 사색하고, 다시 또 읽고……. 이렇게 하다 보면 이해·영역의 확장이 일어나기 때문에 판단의 기준이 바뀌는 것은 너무 당연하다.

바로 이런 과정이 자신의 원(영역)을 키우는 성장 방법이다. 책 읽기 영역이 넓어진다는 것은 자신의 이해 영역이 커졌다는 것을 의미한다. 이해력이 확장되면 자신의 분야뿐만 아니라 다른 분야까지 넘나들 수 있다. 그것이 독서가 주는 가장 큰 효과이다. 10년 법칙에서 말한 '지식 폭발'의 결과 중 하나가 영역 파괴이다. 지식 폭발이 일어나면 다른 영역도 쉽게 넘나들 수 있다.

〈이해력과 영역의 확장: 좀 더 다양한 책을 접할 기회이다〉

✔ 도서관 사용법

도서관을 찾는 이유는 무엇일까?

아마 열에 아홉은 도서관에 책을 빌리러 간다. 물론, 틀린 답이 아니다. 하지만 필자가 원하는 대답도 아니다.

요즘은 많은 사람이 인터넷 서점을 이용한다. 인터넷 서점은 편리한 점도 많지만, 책을 직접 보고 살 수 없다는 치명적 약점이 있다. 필자는 이런 약점을 극복하기 위해 도서관을 이용한다. 도서관은 공짜로 책을 빌릴 수 있는 곳이다. 약간의 발품과 시간만 투자하면 충분하다. 하지만 서점과 달리 신간을 맛볼 기회가 적다. 좋은 책은 유행에 민감하지 않다는 것을 위안으로 삼으며 신간을 조금 참고 기다려야 한다.

서점에서 요령껏 고른 책이라 하더라도 실패하는 경우가 간혹 있다. 책 전체를 꼼꼼히 읽어보지 않고 샀기 때문이다. 이것에 대한 보완책으로 필자는 도서관 활용을 권장한다. 도서관에서 책을 고르는 요령은 서점과 같다. 바로 '훑어보기(Skimming)' 기술의 사용이다. 하지만 서점보다 부담은 적고 더 빨리 고를 수 있다는 장점이 있다. 실패해도 경제적 부담이 없기 때문에 가능한 일이다.

일반적으로 많은 사람이 '도서관은 책을 빌려주는 곳'이라고 생각한다. 하지만 필자의 생각은 조금 다르다. 이제 도서관을 다른 관점에서 생각해 볼 필요가 있다.

도서관에서 빌린 책은 메모를 할 수 없다. 조심하다 보면 대충 읽는 경우가 발생한다. 물론 '태극 인덱스 독서'나 '독수리 노트'를 사용할 수도 있지만, 상당히 번거로운 작업이다.

　도서관에서 빌린 책이라고 대충대충 읽으면 안 된다. 이미 시간과 발품이라는 대가를 지급했기 때문이다. 빌린 책이라도 구매한 책과 똑같이 읽어야 한다. 하지만 '메모'라는 큰 장애물이 있다는 것은 불편하고 안타까운 일이다. 특히, 이런 장애로 인해 제대로 된 독서를 하지 못할 가능성도 무시할 수 없다.

　만약, 도서관에서 읽은 책이 정말 좋다면, 어떻게 해야 할까?

　읽은 후 필요한 책이라고 판단되면 반드시 사야 한다. 꼭 읽어야 할 책은 손에 닿을 만한 곳에 항상 있어야 하기 때문이다. 그래야만 언제든지 책을 읽을 수 있고, 책을 자기의 지식으로 만들 수 있다. 도서관은 책에 관한 정보와 책 구매에 대한 시행착오를 줄일 수 있게 도와주는 곳이다. 도서관은 개인 서재가 아님을 꼭 명심해야 한다.

11
지식의 분류

이제 책을 직접 고르고, 태극 인덱스 독서법으로 책을 꼼꼼히 읽는 방법을 배웠다. 게다가 평생 독서 계획까지 세웠다. 이제 실전 배치를 위한 마지막 상황이 다가왔다. 지금까지 준비한 총알과 무기를 다시 한번 점검하고, 바로 써먹을 수 있는 준비를 해야 한다.

✔ 조금 달라진 독수리 노트 ver 1.2

독수리 노트의 버전이 조금 바뀌었다.

눈치 빠른 독자라면, 이미 예상했을 것이다. 태극 인덱스 독서로 구분한 정보들을 독수리 노트에 옮겨 적어야 하기 때문이다. 달라진 독수리 노트를 자세히 살펴보면, 본문을 옮겨 적는 곳에 사각형 체크 박스(□) 두 개가 있다. 일단 사각형 체크 박스를 무시하고 태극 인덱스 독서로 찾아낸 본문을 옮겨 적는다. 앞의 사각형 체크 박스에는 파란색 플래그 인덱스 탭이 붙여진 곳의 내용, 두 번째 체크 박스는 빨간색에 해당하는 내용이다. 이것을 기준으로 체크 박스에 표시(✔)를 한다.

독수리 노트 (V.1.2)

2017. 1. 31.

| 도서명 | 무지개 원리 | 저자/역자 | 차동엽 | 출판사 | 국일미디어 |

키워드
1. 긍정
2. 꿈
3. 성취
4. 치유
5. 감사

No	page		
1	24	☑	한 손으로도 박수를 칠 수 있다. '된다' '할 수 있다' '기회는 또 있다'
2	29	☑	미래는 노력에 따라 과거와 완전히 달라질 수 있다.
		□	먼 뉴저지 어느 작은 학교 베라선생님...
3	37	☑	성급하게 체념하거나 포기하지 마라. 절대 결론을 내리지 마라.
		□	어떤 일에 대해서도 어떤 사람에 대해서도 결론을 내리지 마라.
		☑	쉽게 내린 결론으로 그르친 경험으로 봐도 신중 또 신중하게!!
4	71	☑	성공한 사람들의 2%를 형성하는 세 번째 특징은 '노예가
		□	아니라 주인으로 살았다'는 것이다.
		☑	주변 사람들은 나에게 워커홀릭이라 말한다. 난 일의 노예?
		□	그러나 노예처럼 불행하게 하는 것이 아니라 늘 즐겁고 행복하다.
		□	무엇을 하더라도 주인과 같이 한다면 성공 또한 내 것이 되리라...
5	81	☑	셰마 이스라엘 - "이스라엘아 들으라. 너희는 마음을 다하고 목숨을
		□	다하고 힘을 다하여 주 너희 하나님을 사랑해야 한다. 너희는
		□	이 말을 너희 자녀에게 거듭 들려주고 일러 주어라." (신명 6, 4~7)
		☑	거듭거듭 - 책 읽기, 베인더쓰기, 운동, 습관될 때까지 멈추지 않기
6	224	☑	"용감해 지려면 용감한 것처럼 행동하면 된다."
		☑	쉬운 일은 쉽게 하고 어려운 일은 어렵게 하고....
		□	부자가 되고 싶으면 부자처럼 행동하라. 이것이 순리다.

독수리 노트(Ver 1.2)

20 . . .

도서명		저자/역자		출판사	
키워드	1. 2. 3. 4. 5.				

No	page		
		☐☐	
		☐☐	
		☐☐	
		☐☐	
		☐☐	
		☐☐	
		☐☐	
		☐☐	
		☐☐	
		☐☐	
		☐☐	
		☐☐	
		☐☐	
		☐☐	
		☐☐	
		☐☐	
		☐☐	
		☐☐	
		☐☐	
		☐☐	

독수리 노트(Ver 1.2)를 이용하면 한 권의 책을 노트 몇 장으로 정리할 수 있다. 게다가 이 노트는 객관적 사실과 주관적 느낌(사고)으로 지식이 분류된 상태이다.

이제 책 한 권을 꼼꼼히 읽으면서, 노트에 모두 옮겨 적고, 분류(빨강, 파랑)까지 마쳤다. 결국, 같은 책을 3번 읽은 셈이 된다. 에빙하우스의 망각곡선에서 알 수 있듯, 3번 이상의 학습은 기억을 오랫동안 유지하게 한다. 독수리 노트를 쓰면 지식의 정리뿐 아니라 기억력 유지에도 큰 도움이 된다.

12
분류의 신기술 – 먹잇감 노트

 독수리 새끼가 하늘의 왕자로 자라기 위해, 늙은 독수리가 다시 환골탈태하기 위해, 독수리 5형제가 불새로 변하기 위해 철저한 준비가 필요하다. 오랜 시간 동안 자기와의 싸움, 이것이 독수리를 하늘의 왕자로, 천하무적인 불새로 만들어 준다. 21세기의 리더(Leader)가 되기 위한 준비, 이것이 바로 지식 데이터베이스의 집합체인 먹잇감 노트이다.

✔ 먹잇감 노트

 먹잇감 노트를 만들려면, 독수리 노트가 모인 바인더 외 또 하나의 이글 바인더가 필요하다.

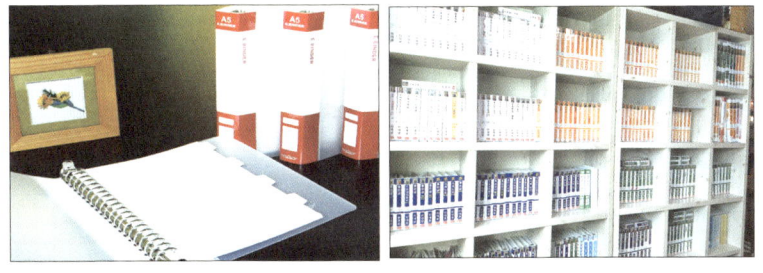

〈이글 바인더〉　　〈이글바인더로 지식 데이터베이스를 구축한 사례〉

	독수리 노트 바인더	먹잇감 노트 바인더
내용	책을 읽고 정리한 내용 (빨간색 인덱스/ 파란색 인덱스)	중요한 내용 (책, 인터넷 검색, 논문, 사진 등)
특징	1권의 책을 정리한 독수리 노트가 모인 바인더	주제에 해당하는 내용이 모인 바인더

※ 먹잇감 노트 만들기

① 바인더에 제목을 표시한다. (또는 먹잇감 노트에 주제를 표시한다) 여기에 표시하는 제목이 당신이 관심 두는 주제가 된다. 다다익선(多多益善)이란 말처럼 주제는 많으면 많을수록 좋다.
☞ 한 권의 바인더에 하나의 주제만 담는 것이 좋다. 그래야만 관심 있는 주제를 자주 보게되고, 기억에서 사라지지 않는다.

② 먹잇감 노트를 끼운다.
③ 독수리 노트(V1.2)를 보면서 해당 주제에 맞는 문장을 옮겨 적는다.
④ 책의 본문이 통째로 필요한 경우, 복사해서 먹잇감 노트 바인더에 보관한다.
⑤ 인터넷에서 검색한 자료는 불필요한 내용을 삭제한 후, 꼭 필요한 내용만 보기 좋게 편집해서 보관한다.
☞ 먹잇감 노트에 들어갈 자료는 책, 인터넷 정보, 사진, 논문 등 다양한 내용이 담긴다. 주제별로 정리하고, 순서는 나중에 다시 정한다. (선 보관, 후 정리 원칙)
☞ 독수리 노트가 한 권의 책만 집중적으로 다뤘다면, 먹잇감 노트에는 하나의 주제만을 집중적으로 다룬다.

✔ 먹잇감 노트 = 지식 데이터베이스

이렇게 만든 먹잇감 노트는 언젠가 당신의 지식 데이터베이스로 변신한다. 지금 보는 이 독서법 책도 이런 과정을 통해 나왔고, 예전에 나왔던 글쓰기 책도 마찬가지이다.

"내가 책을 쓸 것도 아닌데……?"

이렇게 말하는 사람도 분명 있을 것이다. 하지만 먹잇감 노트는 짧은 시간 동안 할 수 있는 작업이 아니다. 지금부터 천천히 하나하나씩 만들다 보면, 어느 순간 꼭 써먹을 날이 올 것이다. 전문분야에서 최고가 되려면, 자신만의 지식 생태계를 구축해야 하기 때문이다.

Data	Information	Knowledge	Wisdom
독서	정보화(자료 발췌 및 구분 정리)	분류된 지식의 축적	지식 데이터의 결과

〈실제 사례〉

먹잇감 노트 제목(주제)	분류된 지식의 내용	지식 데이터의 결과
좋은 문장	동화를 읽으면서 찾아낸 좋은 문장들	글쓰기 (쉽고 빠른 엄마표 글쓰기 / 활어사전)
독서 방법	독서법에서 찾은 좋은 독서 방법들	독서법(클라우드 리딩)
조선 시대 소금 제조 방법	조선 시대 염전, 조선 시대 민속, 18세기 안동지역 자료, 조선 시대 경제 등	장편동화(모래소금)
하회탈, 하회별신굿탈놀이	하회탈 자료, 하회별신굿탈놀이, 하회마을	인문기획서 (얼쑤! 하회탈과 놀아보자) 장편동화(허도령과 하회탈)

먹잇감 노트   주제: 동기부여

No	출처	Page	내 용
1	연금술사	241	우리모두 자신의 보물을 찾아 전보다 더 나은 삶을 살아가는 것, 그게 연금술인게지.
2	실행이 답이다	5쪽	"나는 사람들이 목표를 설정하고 달성할 수 있게 도와준 사람으로 기억되고 싶다." - 피터 드러커 -
3	리더의 조건		비싼 값을 치르지 않으면서 삶을 바꿀수 있는 것, 그것이 희망이다. '커튼 핑콩' 명언 中
4	리딩으로 리드하라	208	무턱대고 아무 책이나 골라서 읽다가 불현듯 알게 된, 어떤 책을 읽지 않으면 안된다는 깨달음. 그것이 나에게 굉장한 동기부여가 되었다
5	무지개 원리	352	오늘 하루 웃으면 되고 수많이 부딪히는 선택의 순간에 '만족'을 선택하면 되는 것입니다.
6	무지개 원리	308	"무수한 두려움을 버려두지 말고 저 높은데서 반짝이는 별들을 보게나" - 에브라함 링컨 -
7	나무를 심은 사람	77쪽	세상을 변화시키고, 이 세계를 아름답게 바꾸어 놓는 것은 권력이나 부나 인기를 누리는 사람들이 아니라 남을 위해 일하는 사람이라는 것을 깨우쳐 주고 있다.
8	강제동의록 中		강자가 되기 위해서는 항상 자기를 몰아붙이는 것이 아니라 자기에게 충분히 휴식을 줄 수 있는 시간과 조급해 하지 않는 마음이 필요하다.
9	강제동의록 中..		네잎클로버의 꽃말은 행운이다. 우리는 네잎클로버를 따기 위해 수많은 세잎클로버를 짓밟고 있다. 그런데 이 세잎클로버의 꽃말은 바로 행복이다. 우리는 수많은 '행복' 속에서 '행운'만 찾고 있는 건 아닐까
10	'어쩌다 어른' TVN 김미경 강사		꿈의 현장은 미래가 아니라 바로 오늘이다!!

No	출처	Page	내용

13
북멘토를 찾아라!

"약은 약사에게 진료는 의사에게……."

예전 유행했던 이 광고문구처럼 모든 것에는 전문가가 있게 마련이다. 독서 역시 다르지 않다. 독서 분야에는 북멘토(BookMentor), 즉, 책으로 도움을 주는 독서 전문가가 있다. 하지만 주변에서 북멘토를 찾기란 그렇게 쉬운 일이 아니다.

✓ 북멘토

북멘토를 만나는 가장 쉬운 방법이 바로 독서 모임 참석이다. 책에도 다양한 분야가 있는 만큼, 독서 모임 역시 다양한 색깔을 가진다. 이런 모임을 이끌어 나가기 위해 리더는 책에 관한 많은 노하우를 가져야 하고, 다른 회원보다 책도 더 열심히 읽어야 한다.

일반적으로 공공도서관에서 개최하는 독서 모임이 책의 선정, 토론의 수준 등, 전체적으로 높은 수준을 유지한다. 도서관마다 조금씩 다르지만, 사서(직원)가 참여하여 독서에 대한 전반적인 지도를 해 주는 곳도 있다. 하지만 대부분 낮에 열리며, 대상 역시 학생이나 주부가 주를 이룬다. 이런 현실로 인해 성인 남성 또는 직장인은 도서관에서 개최하는 독서토론에 참여하기가 어렵다.

인터넷 검색을 통해 지역에 있는 독서 모임을 찾을 수도 있다. 될 수 있으면 여러 모임을 찾고 직접 가본 후, 하나를 고르는 것이 바람직한 방법이다. 독수리 5형제가 주축이 되어 열리는 독서 모임도 곳곳에 있다.

이런 식으로 자신의 성향에 맞는 독서 모임을 찾아야 한다. 이렇게 활동하다 보면, 책에 대한 조력자인 북멘토를 만날 수 있다. 특히, 독서가 목적인 사람들이 주로 모이기 때문에 다른 모임에 비해 참석자들의 성향이 개방적이고 진취적이다. 이런 점을 활용하면 인맥형성에도 많은 도움이 된다.

✓ 진짜 고수를 찾아라

토론하다 보면 유독 눈에 들어오는 사람이 있다. 말수가 많은 것도 아니고, 몇 마디 조리 있게 툭 던졌을 뿐인데……. 쉬운 말로 표현했지만, 제대로 핵심을 찌르는 말 속에 폭넓은 지식이 깔려있다.

이런 사람을 발견하면 나이의 고하를 막론하고, 스승으로 모셔야 한다. 이런 사람이 바로 진정한 독서의 고수이다.

〈독서모임 – 경산 독수리〉

14
원고지 10매 쓰기

같은 주제로 원고지 10매를 쓰는 것과 3분 말하는 것 중 어떤 것이 더 어려울까?

대부분 전자가 더 어렵다고 대답할 것이다. 하지만 이 대답은 틀린 쪽에 더 가깝다. 전자와 후자는 거의 같기 때문이다. 전자가 더 어렵다고 말하는 사람은 쓰기와 말하기의 개념을 별개로 인식하기 때문이다.

✔ 말은 잘하는데……, 읽기는 잘하는데……

"말은 잘하는데 쓰는 게 힘들어요."

"읽기는 잘하는데 쓰는 게 힘들어요."

필자는 예전부터 많은 사람과 읽기, 쓰기, 말하기에 대한 고민을 상담해 주었다. 그때마다 필자의 대답은 같았다.

"제대로 읽고, 제대로 보고, 제대로 들어라. 그렇게 하면 제대로 쓸 수 있다."

사실 이 말밖에 더해 줄 수 없었다.

읽기, 쓰기, 듣기, 말하기는 아주 기초적인 의사소통 범주에 해당한다. 최소 10년 이상 국어를 배운 사람들도 이런 고민을 하고 있으니 심각한 문제가 아닐 수 없다.

먼저, '말한다'부터 살펴보자. '말한다'는 것은 두 가지 범주에서 살펴볼 수 있다. '어떤 정보를 단순 전달하는 행위'와 '어떤 것에 관하여 의견을 논리적으로 말하는 행위'이다. 전자의 경우, 내용을 잘 알아야 효과적으로 전달할 수 있다. 어떤 내용을 잘 알기 위해서는 뭔가 읽고 경험해야 한다. 간단한 설명이라도 제대로 알지 못하면 끝까지 말할 수 없기 때문이다.

이번에는 후자의 경우를 살펴보겠다. 상대방을 설득하려면 자기주장을 조목조목 논리 있고 명확하게 펼쳐야 한다. 이 과정에서 근거가 부족하거나, 논리가 명확하지 못하거나, 말의 앞뒤가 엉켜있다면, 당신은 상대방을 설득할 수 없다.

결국, '말은 잘하는데'라는 의미는 '정보를 단순히 전달하는 것'에 해당하는 말이 된다. 대부분 사람은 자기가 잘 아는 것만 전달하기 때문에 스스로 말을 잘한다고 착각할 뿐이다.

| 정보의 단순 전달 | 소재, 주제 | 재료 | 알면 할 수 있다 |
| 의견을 논리적으로 말함 | 구성, 표현 | 기술 | 알아도 기술이 필요하다 |

이번에는 '보는 것'에 대해 살펴보자. '책을 본다'는 것과 '책을 읽는다'는 것은 분명한 차이가 있다. 과연 어떤 차이를 말하는 것일까?

바로 독해력의 차이, 즉 제대로 읽지 못하기 때문에 발생하는 결과이다. 자동차를 몰려면 운전 방법을 배워야 하듯 책을 읽고 내 것으로 만들려면 독서법을 알아야 한다.

많은 사람이 평생 신문, 잡지를 대충 보면서 글을 읽었다고 생각하며, 스스로 '잘 읽는다'고 판단한다. 보면서(view)도 읽는다(read)는 착각, 그런 까닭에 자기의 읽기 능력이 뛰어나다고 생각할 수 있다.

✔ 읽기, 쓰기, 말하기, 듣기는 하나이다

읽기, 쓰기, 말하기, 듣기의 연관성에 대해 포괄적으로 살펴보자. 여기서 쓰기의 대상은 '목적이 분명한 장르'로 특정하겠다. 예를 들면 설명문, 논설문, 감상문 정도가 여기에 해당한다. 이런 장르의 글은 읽기 능력에 의해 좌지우지된다고 해도 틀린 말이 아니다. 제대로 읽고 분석해야 논리적으로 쓸 수 있기 때문이다. 논리적으로 쓴다는 것은 '논술'에 해당한다. 사전을 찾아보면 논술은 "어떤 것에 관하여 의견을 논리적으로 서술함."이라 설명한다.

그렇다면 '논술'의 사전적 정의와 말하기 두 번째 설명, 즉 상대방을 설득하는 것(구술)과 비교해보자.

- 논술: 어떤 것에 관하여 의견을 논리적으로 서술함
- 말하기(상대방 설득, 구술): 어떤 것에 관하여 의견을 논리적으로 말함

단어 하나만 다를 뿐, 거의 유사한 개념으로 보인다. 이런 결과를 볼 때, "논리적으로 말을 잘하는 사람은 논리적으로 잘 쓸 수밖에 없다."는 결론에 도달한다. 즉, 논술과 구술은 같은 개념이기 때문이다. 물론, 구성과 표현 방법을 알기 때문에 충분히 가능한 일이다.

결국, "말을 잘하는 데 쓰는 것이 어렵다."는 말은 억지 논리밖에 되지 않는다. 말하기에는 '정보의 단순 전달'과 '자기의 의견을 논리적으로 표현하는 것' 모두가 포함되어 있기 때문이다. "제대로 읽고, 제대로 들으면, 제

대로 쓰고 제대로 말한다."라는 필자의 대답은 항상 같을 수밖에 없다. 그래서 제대로 읽는 것이 매우 중요하다.

✔ 3분 스피치가 왜 중요한가?

입문 단계에서 논리적으로 원고지 10매를 채울 수 있는 사람은 극소수에 불과하다. 하지만 방법을 바꾸면 길이 열린다. 손이 아닌 입으로 글을 쓰는 것이다. 이것이 바로 3분 스피치의 기적이다.

베스트셀러 작가인 고정욱은 신체적 장애가 있다. 이로 인해 오랫동안 글을 쓰지 못한다. 하지만 일 년에 10권 이상의 책을 출간한다. 그 비결이 바로 구술, 입으로 글을 쓰는 방법이다.

필자가 고정욱 작가를 만났을 때 이런 질문을 받았다.

"한 시간에 원고지 100매를 쓸 수 있나요?"

사실, 필자도 글 쓰는 속도가 빠른 편이다. 속도가 붙었을 때, 한 시간에 원고지 10~15매 정도를 쓴다. 이런 식으로 8시간을 쓰면 원고지 100매를 쓸 수 있다. 그런데 한 시간에 100매라는 말은 거짓말로 들렸다.

고정욱 작가가 비법을 알려주었다. 바로 입으로 쓰는 글, 즉 녹음이었다. 글이 아닌 말로 풀어내면 한 시간에 100매를 충분히 쓸 수 있다고 했다. 필자도 이제 이 방법으로 글을 쓴다. 게다가 구어체이기 때문에 글이 술술 읽힌다는 장점도 빼놓을 수 없다.

3분 스피치, 이것은 원고지 10매 분량을 의미한다. 이제 글쓰기를 위한 설계도 작성 방법을 알아야 한다. 글쓰기와 말하기는 방법에서 조금 차이가 있다. 글을 쓰려면 적어도 문법, 어법의 차이를 알아야 한다. 하지만 말을 하려면 어법만 알아도 충분하다. 당신은 지금까지 적어도 십 년 이상 학교에 다녔고, 수십 년간 사회생활을 하면서 사람을 만났다. 그 정도 경력이면 어법은 충분하다고 판단한다. 그래서 이런 글쓰기는 누구나 가능한 것이다.

입으로 글을 쓰는 요령은 생각보다 쉽고 간단하다. 핵심구, 즉 키워드를 논리적으로 배열해두면, 3분 스피치는 쉽게 할 수 있다. 게다가 자연스럽게 키워드를 배치하기만 하면, 짧은 글이라도 설득력을 갖출 수 있다.

15
3분 스피치의 설계도

논리적으로 글을 쓰거나, 말을 하려면 설계도가 있어야 한다. 물론, 소설이나 동화같이 스토리가 있는 글도 예외가 아니다. 습작하는 예비 작가들이 단편을 쓰면서 많이 하는 실수가 바로 설계도 없이 글을 쓰는 것이다.

"짧은 글인데, 굳이 설계도까지……."

단편일수록 구성이 더 치밀해야 한다. 짧은 글에 많은 것을 함축하려면, 설계도가 꼭 있어야 한다.

설계할 때 마인드맵을 사용하면 아주 짧은 시간에 완성도 높은 설계도를 그릴 수 있다. 먼저 마인드맵에 대해 간단히 살펴보겠다.

✔ 분석·정리의 도구 - 마인드맵

어떤 주제에 대한 생각을 마음속에 그림을 그리듯 정리하는 방법이 마인드맵이다. 마인드맵을 사용하면 자유로운 생각을 일목요연하게 정리할 수 있다. 게다가 그림과 색을 사용하기 때문에 기억도 오래간다. 이런 특징 때문에 마인드맵은 학습 도구로 많이 활용된다.

책을 읽고 난 후 마인드맵으로 분석·정리하면 많은 장점이 있다. 책의 내용 파악, 책의 분석·평가, 종합적 이해력이 좋아지기 때문이다. 필자가 도서 분석에 마인드맵을 주로 사용하는 이유도 바로 이런 점 때문이다. 또한, 마인드맵을 거꾸로 사용하면 책의 목차 설계도 가능하다. 목차 설계가 끝난 후, 항목마다 내용을 채우면 책이 만들어진다.

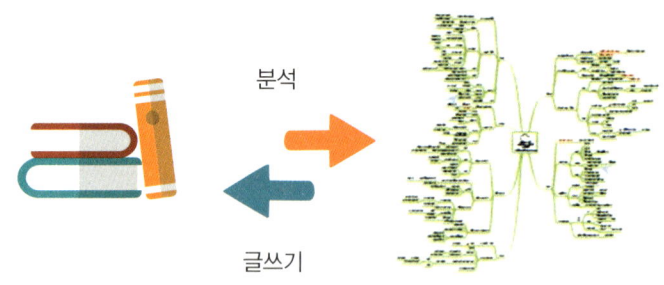

"마인드맵으로 책을 분석하면, 전체적인 요약(목차) 자료를 만들 수 있다."
㉠ ㉡

㉠		㉡
책	⬅ 마인드맵 ➡	요약(목차)
결과		설계

책에 대한 분석·정리를 마인드맵으로 했다면, 요약된 키워드를 가지고 내용만 채우면, 책(긴 글)이 만들어진다. 즉, 제대로 된 마인드맵(설계도)이 있다면 글을 쓰는 것은 큰 어려움이 아니다.
"설마?"
분명 이렇게 말하는 사람이 있을 것이다.
집을 보고 설계도를 그리는 것과 설계도를 보고 집을 짓는 것 중 어떤 것이 더 쉬울까?

아마 당신은 후자 쪽에 손을 들 것이다. 그렇다면 이런 생각을 한번 해보자.

비슷한 상황으로 보이지만, 설계도를 보고 집을 짓는 것은 가능하고, 설계도를 보면서 글을 쓰는 것은 어렵다고 생각한다. 우리는 낯선 것을 보면 거부감부터 먼저 드러내기 때문에 이런 결과가 나타난다. 모든 것의 시작은 '설계도부터'라는 것을 잊지 말아야 한다. 마인드맵으로 설계도를 그리고 나면, 글쓰기는 아주 수월해진다. 좀 더 익숙해지면, 오히려 설계도가 없는 것이 더 불편할 수도 있다.

✔ 마인드맵 작성 방법

① 1단계 – 준비

백지를 준비한다. 노트의 줄은 생각의 확산을 방해하기 때문에 마인드맵은 백지에 그리는 것이 좋다. 펜은 여러 색상으로 준비한다. 주가지마다 다른 색상의 펜을 사용해야 한다. (3가지 이상)

② 2단계 – 중심 이미지 그리기

마인드맵에서 핵심이 되는 주제는 항상 중심 이미지에서 시작한다. 중심 이미지는 그림으로 표현하는 것이 좋다. 입체적 그림이 더 좋으며, 그림을 그린 후 테두리는 만들지 않는다.

③ 3단계– 주가지

중심 이미지에서 파생된 세부 주제는 사람의 몸에 붙어 있는 팔처럼 연결해 표현한다. 가지의 시작은 굵게, 바깥쪽으로 갈수록 가늘게 그린다. 하나의 가지 위에 핵심 단어 하나만 적는다. 주가지마다 다른 색으로 표현한다.

④ 4단계- 부가지

부가지에 놓인 핵심 단어들은 주가지와 밀접한 관계를 맺는다. 부가지는 무한정 그릴 수 있으며 세부가지와 연결된다.

☞ **마인드맵 작성 주의사항**
- 가지의 연결은 핵심 단어를 통해 확산한다.
- 단어는 중심 생각과 개념 이해에 도움이 되는 핵심 단어(키워드)를 반드시 사용한다. 핵심 단어는 명사나 동사, 형용사, 부사 등 모두 가능하며, 부득이한 경우를 제외하고 짧게 표현한다.
- 하나의 가지로부터 연결되는 세부가지들은 같은 색으로 통일해서, 연결된 내용을 한눈에 파악할 수 있도록 한다.

〈쉽고 빠른 엄마표 글쓰기의 마인드맵 분석〉

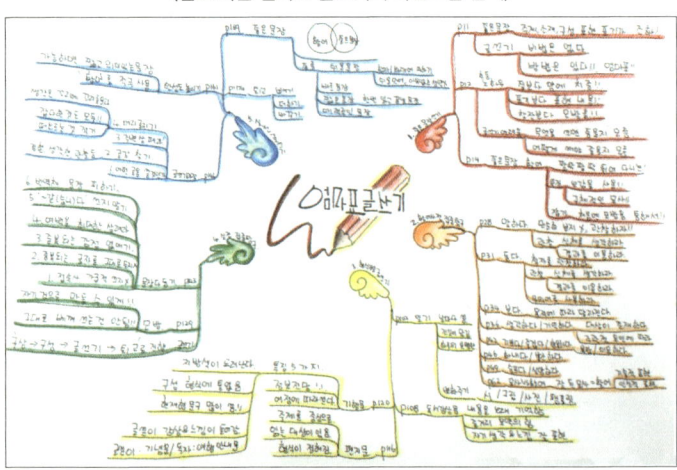

책 한 권(혹은 한 파트 정도)을 마인드맵으로 분석·정리한 뒤, 책의 목차와 비교해보자. 아마 이 둘은 거의 유사할 것이다. 이런 점을 볼 때 책의 분석과 목차는 순서만 다를 뿐, 똑같은 작업의 다른 모습이라는 것을 확인할 수 있다. 이것을 위해 기성 작가의 책을 보면서 이글맵(마인드맵)을 자주 그려보는 훈련이 필요하다. 이 훈련은 글에 대한 분석 능력을 키우게 한다.

✓ 마인드맵으로 설계도 그려보기

책을 읽고 독수리 노트(Ver 1.2)도 적어 보았다. 독수리 노트에는 객관적 사실과 주관적 사실이 이미 분류된 상태이다. 이것이 글쓰기의 소재가 된다. 게다가 가장 중요한 키워드 5개도 준비된 상태이다. 이 중에서 하나를 고르면 글쓰기의 주제가 결정된다. 주제, 소재가 있다면, 글쓰기의 1차 준비는 끝난 셈이다. 이제 구성 방법, 표현 방법만 알면 논리적 글쓰기도 충분하다. 하지만, 여기서 표현 방법은 몰라도 상관없다. 손이 아닌 입으로 쓰는 글이기 때문이다. 즉, 구술은 문법이 아닌 어법에 의해 좌우되기 때문이다. 우리는 이미 찾아 놓은 주제와 소재(이글맵의 내용)를 보면서 말하듯 순서대로 읽기만 하면 된다. 이것을 녹음해서 글로 옮기면 된다.

글을 쓰려면 4가지를 꼭 알아야 한다. 주제, 소재, 구성·표현 방법이다.

재료	주제, 소재	이글맵에 적힌 내용
기술	구성 방법, 표현 방법	

다시 말해, 주제·소재가 있고, 구성·표현 방법을 알면, 어쨌든 글은 나오게 마련이다. 하지만 이것도 손으로 쓰는 경우에만 해당할 뿐, 입으로 쓰는 구술에는 표현 방법인 문법을 몰라도 상관없다.

✓ 독수리 노트 → 이글맵(≒마인드맵)

독수리 노트를 가지고 마인드맵을 그려본다. 이것은 주제가 논리적으로 흐를 수 있도록 길을 만드는 역할을 한다.

하지만 이글맵은 마인드맵과 조금 차이가 있다. 3분 말하기에 필요한 하나의 큰 주제와 이것에 따른 2~3개의 작은 주제를 선택하여 마인드맵을 그리기 때문이다. 일반적인 마인드맵과 차이가 있기 때문에 이 책에서는 '이글맵'으로 부른다.

	주제	소주제(중간 가지)	작은 가지
이글맵	1개	2~3개	
마인드맵	1개	무한	무한

※ 이글맵 작성 방법

그림을 그리고, 가지를 치는 것은 마인드맵과 거의 같지만, 이글맵은 글을 쓰기 위한 설계 개념이다.

① 주제 뽑기: 독수리 노트에 적힌 5개의 키워드 중에서 대표성을 가지는 하나를 고른다. 주제를 고를 때, 빨간색 플래그(주관적 항목, 사고)의 내용을 보면서 관련성을 확인한다.
② 소주제 뽑기: 주제와 관련된 키워드 중에서 하위 개념 2~3개를 선택한다.

③ 소주제에 들어가는 내용: 이곳은 사례, 설명 같은 내용이 들어간다. 파란색 플래그(객관적 항목)가 붙은 곳에서 소주제와 관련된 내용을 찾아 적는다. (소재)

※ 주의사항: 마인드맵으로 구조 분석을 할 때, 범위 설정이 중요하다. 대상을 책 한 권으로 할 수도 있지만, 입문 단계에서는 하나의 장(chapter)만 다룬다.

◆ 예제) 〈파트 2장 - 15. SNS 글쓰기〉를 보면서 이글맵을 그려본다. (115P~118P)

이글맵

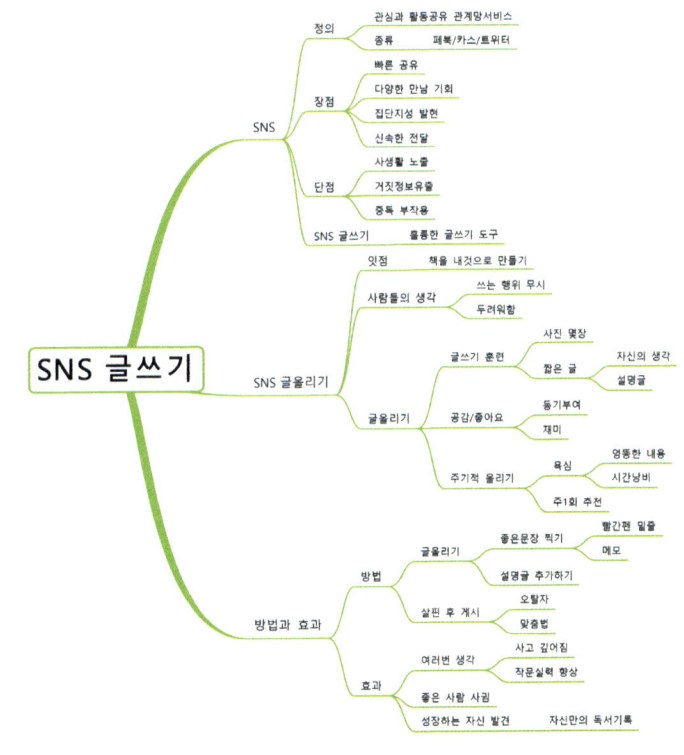

이글맵

16
논리적으로 말하는 기법
(이글맵 ⇒ 3분 스피치노트)

　3분 스피치는 결국 원고지 10매를 쓰는 것과 동일한 개념이다. 3분 동안 말 한 것을 글로 옮기면 대략 원고지 10매 내외 분량이 나오기 때문이다. 물론, 이글맵만 있어도 3분 스피치는 가능하다. 하지만 좀 더 쉬운 말하기를 위해 〈3분 스피치노트〉를 작성한다.

　〈3분 스피치노트〉에서 보는 것처럼 모든 글은 도입, 전개(본론), 마무리(결론), 즉 3단으로 구성된다. 짧은 글이라도 3단 구성을 갖춰야 설득력을 가질 수 있다. 4·5단 구성 역시 전개(본론)가 세분화된 형태일 뿐, 크게 보면 3단 구성일뿐이다.

✓ 3분 스피치노트 만들기

　먼저 〈3분 스피치노트〉를 살펴보면, 아래 표처럼 몇 가지가 추가되었음을 알 수 있다.

주제	주제	
	문제 제시(화제문)	

여기서 주제는 쉽게 채울 수 있다. 〈독수리 노트〉 또는 〈이글맵〉에 적힌 내용을 그대로 옮기면 되기 때문이다. 하지만, 주제는 직설적으로 언급하지 않는다. 주제를 처음부터 너무 노출시키면, 독자의 호감을 불러일으킬 수 없기 때문이다. 그래서 '문제 제시(화제문)'를 사용하는 것이다.

'문제 제시(화제문)'는 조금 생소할 수도 있는 부분이다.

도입 부분을 엄밀하게 구분하면, '문제 제시'와 '도입'으로 나눌 수 있다. '문제 제시(화제문)'는 글의 첫 시작이다. 시작에서 독자(청중)의 호감을 반드시 불러일으켜야 한다. 짧은 글이든, 긴 글이든 초반 승부에 실패하면 독자가 외면하기 때문이다.

'문제 제시(화제문)'는 모두의 주의를 끌만한 것으로 준비하되, 주제와 관련 있는 문장으로 시작하는 것이 좋다. 화제문 뒤에는 주제에 관한 설명이 따라붙기 때문이다.

도입	주제의 정의	
	주제의 장점	
	현실의 문제점	
	본론의 요약	

〈도입〉에 들어갈 4가지를 채우는 것은 〈이글맵〉의 내용만으로 충분할 수 있다. 하지만, 이것이 조금 부족하다면 보충 작업을 해야 한다. 일반적

으로 〈도입〉에 제시된 4가지 항목은 읽은 책에서 어느 정도 찾을 수 있다. 만약 책 본문의 설명이 부족하다면, 외부 자료(인터넷 검색, 참고 도서 등)를 통해 좀 더 보충해야 한다. 물론, 억지로 4가지 항목 모두를 꽉 채울 필요도 없고, 분량이 많을 필요도 없다.

나머지 내용은 〈독수리 노트〉와 〈이글맵〉을 보면서 대입 형식으로 채워 넣으면 된다. 혹시, 소주제에 따른 사례가 없는 경우에는 인터넷 검색과 참고 자료를 통해 채워 넣어야 한다.

이런 방법으로 〈3분 스피치노트〉을 모두 채워 넣었다면, 이제 말하듯 술술 읽기만 하면 원고지 10매 분량의 글을 완성할 수 있다.

앞에서 예제로 다뤘던 〈SNS 글쓰기〉를 가지고 〈3분 스피치노트〉을 만들어 보았다.

3분 스피치노트

주제	주제	SNS 글쓰기
	문제 제시	SNS를 활용한 글쓰기에서 현명한 선택과 판단이 필요하다
도입	주제의 정의	SNS란 관심과 활동을 공유하는 관계망 서비스이다
	주제의 장점	빠른 공유, 다양한 만남 기회, 집단 지성 발현, 신속한 뉴스전달
	현실의 문제점	사생활 유출, 거짓정보 유출, 중독 부작용
	본론의 요약	장점을 살리고 단점을 극복하는 현명한 선택과 판단이 요구된다
전개 (본론)	소주제 1	책에 대한 글을 SNS에 올리자
	설명 / 사례	SNS에 감상문을 쓰면 책을 내것으로 만들 수 있다
		쓰는 행위를 무시하거나 두려워하는데 SNS가 추천된다
		사진 몇장과 짧은글로 글쓰기 훈련을 해야한다
		공감을 받게되면 동기부여되지만 욕심을 부리면 안된다
	소주제 2	SNS 글쓰기 방법
	설명 / 사례	좋은 문장을 찾아 메모하고 밑줄을 그은 흔적을 찍어 올린다
		올리기 전에 다시 읽어 오타, 맞춤법을 살핀 후 게시한다.
	소주제 3	SNS 글쓰기의 효과
	설명 / 사례	여러번 생각하고 글을써 사고가 깊어지고 작문실력이 향상된다
		좋은글을 통해 좋은 사람을 많이 사귈수 있다
		자기만의 독서기록이 생긴다.
		성장하는 자신을 발견한다.
마무리	주제의 정리	지식은 글을 써야 정리된다. SNS 글쓰기를 습관화하자.

3분 스피치노트

주제	주제	
	문제 제시(화제문)	
도입	주제의 정의	
	주제의 장점	
	현실의 문제점	
	본론의 요약	
전개 (본론)	소주제 1	
	설명 / 사례	
	소주제 2	
	설명 / 사례	
	소주제 3	
	설명 / 사례	
마무리	주제의 정리	

☞ 모든 것이 주제와 연결되어 있다는 것을 잊지 말아야 한다. 아무리 좋은 것이라도 주제와 어긋나면 사족이 된다. 문장은 키워드 중심으로 간단하게 기록한다.

〈3분 스피치노트〉을 작성할 때, 시간 안배가 중요하다. 특히, 도입 부분의 〈주제의 정리〉, 〈주제의 장점〉, 〈현실의 문제점〉은 반드시 들어갈 내용이 아니다. 필요에 따라, 시간에 따라 가감할 수 있다.

주제(상위 개념) 화제문 + 도입	화제문 주제의 요점	30초
– 소주제 1 (하위 개념)	**빨간색 항목에서 1개**	45초
설명	파란색 항목 1개	
설명	파란색 항목 1개	
– 소주제 2 (하위 개념)	**빨간색 항목에서 1개**	45초
설명	파란색 항목 1개	
설명	파란색 항목 1개	
– 소주제 3 (하위 개념)	**빨간색 항목에서 1개**	45초
설명	파란색 항목 1개	
설명	파란색 항목 1개	
결론	주제를 정리해주는 키워드	20초
		약 3분

✓ 3분 스피치노트의 활용 : 말하기 기술 – 도입

〈3분 스피치노트〉을 모두 채웠다면, 이제 말하기로 들어간다. 여기서 설명하는 내용은 일종의 팁으로 봐도 좋다. 좀 더 효과적으로 말하기 위한 기술적 방법이다.

화제문으로 도입을 시작한 뒤, 곧바로 주제에 대한 정의, 장점, 문제점 같은 평범한 것을 소개한다. 이때 주의해야 할 것이 바로 〈㉣ 본론의 요약〉이다.

도입	㉠ 주제 정의	
	㉡ 주제 장점	
	㉢ 현실 문제점	예시
	㉣ 본론의 요약(제시)	3가지

이곳에서 본론에서 다룰 주제를 요약해주고, 몇 가지라는 것을 미리 알려야 한다. 독자(청중)는 이것을 보면서, 글을 더 읽을 것인지, 포기할 것인지를 미리 판단한다. 물론, 청중이라면 연설 시간을 미리 예측할 수도 있다. 특히, 긴 연설에서 본론(소주제)이 몇 개인지 미리 언급하지 않으면, 청중은 언제 끝날지도 모르는 연설을 들으며 초반부터 지칠 수도 있다.

요약 제시의 방법은 '첫 번째, 두 번째, 세 번째' 또는 '우선, 다음은, 마지막으로' 구분한다. 특히, 초보 강사들이 이런 실수를 자주 한다.

"오늘은 ○○에 대해 알려드리겠습니다." …… ①
"오늘은 ○○에 대해 딱 3가지만 알려드리겠습니다." …… ②

'①'처럼 주제만 말하고 소주제가 몇 개인지 알려주지 않는 경우,
'②'처럼 소주제 3가지를 언급했지만, 결국 2가지만 설명하고 끝내는 경우도 있다.

✔ 3분 스피치노트의 활용: 말하기 기술 - 전개(본론)

'전개'는 주제를 설명하는 곳이다. '도입'에서 제시한 문제를 여기서 명쾌하게 풀어줘야 한다. 도입에서 3가지를 말하기로 했다면, 이 3가지에 대한

순서(우선 순위)도 미리 계산해두어야 한다. 물론, 3가지 소주제는 큰 주제에서 파생한 작은 가지라는 것을 잊지 말아야 한다.

여기서 구성의 기술(우선 순위)이 아주 중요하다. 구성이 잘못되면 같은 설명을 중복해야 하는 상황, 혹은 엉뚱한 주장만 나열하는 상황이 발생한다. 그래서 순서(구성)의 결정, 즉 구성의 기법은 매우 중요하다.

전개 (본론)	㉠ 소주제 1:	설명	사례(긍정)
	㉡ 소주제 2:	설명	사례(부정)
	㉢ 소주제 3:	설명	사례(긍정)

상대방을 설득하는 효과적인 방법의 하나가 바로 사례의 제시이다. 긍정적인 사례 제시를 통해 자기주장을 논리적으로 보여줄 수 있다. 하지만 비슷한 사례가 반복되면, 오히려 역효과가 날 수도 있으므로 조심해야 한다.

짧은 사례를 쓸 때는 유명인사의 명언, 전문가의 조언 한마디도 나쁘지 않다. 어설픈 자기의 주장보다 전문가의 말 한마디가 더 설득력 있기 때문이다.

게다가 시간 배분도 중요하다. 짧은 글(구술)이라면, 큰 문제가 없겠지만, 긴 글(구술)에서 시간 배분은 작가(화자)의 기술적 평가(전문성)에 반영되기 때문이다.

혹시, 시간이 남았을 때, 장황한 말로 주절거리는 것은 오히려 손해만 날 수도 있다. "할 말을 다했으면, 마침표를 찍어라."는 말처럼 할 말이 없다면, 바로 끝내는 것도 효과적인 방법이다. 주어진 시간을 채우는 것도 작가(화자)의 몫이다. 남은 시간은 마무리(결론)로 돌려 적절히 활용한 것이 좋다.

✔ 3분 스피치노트의 활용: 말하기 기법 – 마무리

결자해지(結者解之)라는 말처럼 매듭을 묶었다면, 마지막에는 풀어 줘야 한다. 즉, 문제를 던졌다면, 명쾌한 답을 제시해주고 끝내란 뜻이다. '마무리'는 주제의 정리 부분이기 때문이다.

마무리(결론)	주제의 정리

결론에서 시간적 여유가 조금 있다면, 사례 제시를 통해 끝내는 것도 좋은 방법이다. 하지만, '마무리'에서 평범한 사례를 사용하면, 오히려 낭패를 볼 수 있다. 본론에서 사용한 사례보다 더 강력한 것을 사용해야 하기 때문이다. 적당한 사례가 없다면, 아주 강한 반대 사례도 나쁘지 않다. 부정의 부정은 강한 긍정 효과를 보여주기 때문이다. 아주 강력한 반대 사례를 찾아 주제와 대비되는 상황을 연출하면, 강한 긍정으로 역설하면서 자연스럽게 마무리할 수 있다.

또 한 가지, 마무리 하는 또 다른 방법도 있다. 더 나은 장점을 제안하면서 행동하도록 끝내는 방법이다.

"머릿속에 담긴 지식을 정리해야 글을 쓸 수 있는 것이 아닙니다. 오히려 글을 써야 머릿속에 담긴 내용을 정리할 수 있습니다. 당신이 적은 몇 글자가 당신의 인생을 바꿔드립니다. 지금 당장, 펜을 잡고 뭐라도 써보세요."

이 말을 들은 청중들은 글을 쓰고 싶다는 충동을 조금이라도 받지 않았을까?

마무리는 화룡점정(畵龍點睛) 같은 작업이다. 용 눈동자를 그려 넣자 갑자기 천둥이 울리고 번개가 치고는 용이 벽을 차고 나와 하늘로 올라가 버리는 것과 같은…….

도입, 본론을 잘 적었다면, 화룡점정 같은 마무리로 대미를 장식해야 한다. 마지막이 실패로 끝난다면, 당신의 글, 당신의 말은 용두사미(龍頭蛇尾)가 되고 말 것이다. 용두사미가 될 것인지, 화룡점정이 될 것인지, 마지막까지 긴장을 놓지 말아야 한다.

말하기 기술까지 모두 익혔다면, 〈3분 스피치노트〉을 들고 읽기만 하면 된다. 물론, 말할 때 녹음은 필수이다.

입문과정을
마치며

클라우드 리딩에서 뽑아낸 4가지 기본 패턴 중 절반을 학습했다. 기본 패턴은 '독', '수', '리', '불새' 단계인 4과정으로 되어 있다. 이 과정은 적어도 6개월 이상 훈련해야 독서를 습관으로 만들 수 있다.

특히, 3분 스피치 훈련은 독서에서 매우 중요한 부분이다. 제대로 읽었다면 말이든, 글이든 자신 있게 표현할 줄 알아야 한다.

		3단계 (리)	4단계 (불새)
목적		월간 목표 6권	월 10권 독서
		자기 분야 만들기	최고 전문가
무슨 책을 읽을 것인가		자기 분야 도서 목록 만들기	인문고전 읽기
		다른 분야 책 읽기(인문고전 입문)	같은 주제의 책 – 다양하게 읽기
어떻게 읽을 것인가		90분 독서	2시간 독서(주말 활용)
			꼼꼼 읽기
		Skimming 훈련	프리리딩
		쉬지 않고 읽어보기	비교하며 읽기(신토피콘)
읽고 정리하기		서평 쓰기(양식)	
		인용문 수집 바인더	
		구조 마인드맵	북마인드맵
			10분 강의
독서 환경		책 쌓아놓고 보기	거실의 서재화
		책장 구매하기	서서 읽기
			헌책방 이용하기
동기부여		조선의 제비	평생 현역으로 살기 (삶의 3가지 자유)
		독서 모임 만들기	독서 모임 운영
		드림북 세팅(5권)	나의 베스트북 10 선정
			독서치료

3, 4단계는 전문가 과정이다. 입문과정과 달리, 독서량, 읽기 수준 모두 최고 수준이다. 전문가란, 자기 영역에서 최고를 말한다.

입문과정을 끝내고 6개월 이상 꾸준히 훈련을 했다면, 당신은 전문가 과정에 도전할 수 있다.

입문 단계의 현실적인 목표가 짧은 글쓰기였다면, 전문가 단계는 짧은 글을 뛰어넘어 책 한 권 쓰기에 도전한다. 제대로 읽으면 원고지 10매가 아닌 1,000매도 충분히 쓸 수 있다.

책 속에 길이 있다는 말!

그냥 하는 말 같지만, 이것은 진실이며, 지금까지 들었던 말 중에 가장 현실적 충고였다.

이제 작은 산 하나를 올랐다. 우리는 더 높은 곳을 향해 또 달려야 한다. 책과 함께 성장하는 당신의 아름다운 여정! 독수리 5형제가 당신의 성장과 성공을 응원한다. 당신이 비상하는 그 날까지.

과정안내

독서 코칭 안내

	기초	전문가	독서경영
교육명	**Eagle Bookmentor class** – 책 읽기 습관화 – 나만의 전문 분야를 찾는 과정	**Eagle Bookcoach class** – 북코치, 리딩 퍼실리테이션 양성 – 전문가가 되기 위한 독서 방법	**Biz Reading Class** – 조직 구성원 역량 강화 및 소통 – 독서문화 확산을 통한 기업 브랜드 가치 업그레이드
주요 내용	– 책에 대한 재미와 습관 들이기 – 나만의 관심 분야 찾기 – 독수리 노트, 먹잇감 노트, 이글맵을 통한 지식 데이터베이스 축적	– 자신의 전문분야에서 전문가 되기 위한 독서법 – 글쓰기와 3분 스피치를 활용한 10분 강의 시현 – 독서모임 운영에 필요한 독서 퍼실리테이션	– 맞춤형 독서 토론 – 원포인트 레슨 – 사내 독서클럽 운영기술 – 3분 스피치 – 지식 경영 스킬
시간	4주 (12H)	10주 (36H)	월 2회 / 협의
대상	독서에 관심 있는 지구인 누구나~	멘토 과정 이수자	기업 및 단체
성과	– 3분 말하기 – 원고지 10매 쓰기	– 전문 분야의 단행본 집필 역량 강화 – 지식 데이터베이스 구축	조직의 소통과 성장

Lab #1 대구광역시 중구 봉산문화2길 43. 2F
Lab #2 대구광역시 달서구 문화회관길 165. 602호
카카오톡: paideianews

053.252.1022
053.589.3732
이메일: didicat@naver.com

클라우드 리딩
라이브러리 맛보기

목적

단지 도착하기 위한 여행이라면 불쌍한 여행이며 그 책이 어떻게 끝을 맺을 것인가만을 알기 위한 독서라면 가련한 독서이다.   - 아서 콜턴

사실 우리는 힘을 얻기 위해 독서해야한다. 독서하는 자는 극도로 활기차야 한다. 책은 손안의 한 줄의 빛이어야 한다.   - 에즈라 파운드

독서란 사람이 밥을 먹고 운동을 하는 것과 똑같은 것이라 할 수 있다.
   - 헨리밀러

그저 생각하고 생활을 위해 독서하라.   - 프랜시스 베이컨

옛것(고전)을 충분히 익혀 새로운 것을 알면 스승이 될 만하다.   - 공자

타고난 것이 아니라면 노력해 배우지 않으면 안 된다. 노력해 배우지 않으면 재능을 넓힐 수 없고, 뜻을 세우지 않으면 배운 바를 성취할 수 없다.
   - 제갈량(諸葛亮)

책은 약과 같다. 잘 읽으면 어리석음을 치료한다.   - 유향(劉向)

독서를 하는 건 웅변과 반박을 위해서도 아니며 가볍게 믿고 맹종하기 위해서도 아니다. 사고와 균형을 위해서다.   - 베이컨(Bacon)

독서가 정신에 미치는 효과는 운동이 신체에 미치는 효과와 같다. - 리처드 스틸

사람들은 죽어도 책은 결코 죽지 않는다. 어떤 힘도 기억을 제거할 수는 없다. 책은 무기이다.   - 루스벨트

내가 세계를 알게 된 것은 책에 의해서였다.   - 장 폴 사르트르

현대에 출판된 책을 꼭 읽어야 하는 이유는 자신이 살고 있는 세계를 알아야 하기 때문이다.   - 헨리 밀러

남의 책을 읽는 데 시간을 들여라. 남이 애써서 얻은 것으로 자기 자신을 쉽게 개선할 수 있다.   - 소크라테스

무슨 책을 읽을 것인가?

읽다 죽어도 멋져 보일 책을 항상 읽어라.   - P.J. 오루쿠

좋은 책을 읽지 않는 사람은 책을 읽을 수 없는 사람보다 나을 바 없다.
  - 마크 트웨인

단순히 읽기 시작했다는 이유만으로 결코 책을 끝까지 읽지 말라. - 존 위더스푼

남아라면 모름지기 다섯 수레 분이 책을 읽어야 한다.   - 두보

기대를 하고 책장을 열고 수확을 얻고 책뚜껑을 덮는 책, 이런 책이 진실로 양서다.   - 브론슨 올컷

마음만을 즐겁게 하는 평범한 책들은 지천으로 깔려있다. 따라서 의심할 바 없이 정신을 살찌우게 하는 책만을 읽어야 한다.   - 세네카

읽을 가치가 있는 책은 사둘만하다.   - 존 러스킨

이상적인 책은 지혜의 열쇠다.   - 톨스토이(Tolstoy)

한 권의 좋은 책이 어떤 보물보다 낫다.   - 아랍 속담

낡은 외투를 그냥 입고 새 책을 사라.   - 오스틴 펠프스

가장 싼 값으로 가장 오랫동안 즐거움을 누릴 수 있는 것, 바로 책이다. - 몽테뉴

돈이 약간 생기면 나는 책을 산다. 그러고도 남는 것이 있으면 음식과 옷을 산다.   - 에라스무스

책도 사람과 마찬가지다. 소수가 큰 역할을 하고 그 나머지는 대부분 패배한다.   - 볼테르

신간 서적이 매우 괘씸한 까닭은 해묵은 책을 못 읽게 하기 때문이다. - A.쥬벨

악서는 읽지 않으려 해도 자주 접촉하게 되지만, 양서는 꼭 읽으려 해도 기회가 뒤로 밀린다는 것이 일반적인 독자들의 현실이다.   - 쇼펜하우어

나의 실제적인 독서 법칙은 세 가지다. 첫째, 1년이 지나지 않은 책은 읽지 않는다. 둘째, 유명한 책만 읽는다. 셋째, 좋아하는 책만 읽는다.   — 랠프 에머슨

적어도 두 번 되풀이해서 읽히지 않는 책은 뛰어나지도 않고 명저도 아니다.
— 아널드 베넷

좋은 책이 집필되는 경우가 왜 이처럼 드문지 아는가? 무엇이든 제대로 알고 집필하는 사람이 그만큼 드물기 때문이다.   — 월터 배젓

잡서를 난독하는 것은 일시적으로 이익을 줄지 모르나 궁극적으로는 시간과 정력의 낭비가 된다.   — 마르탱 뒤가르

어떤 책은 음미하면 된다. 또 어떤 책은 이해하면 된다. 그러나 깊이 음미하고 소화할 책은 소수에 불과하다.   — 프랜시스 베이컨

어떻게 읽을 것인가?

어느 책에서나 최대의 것을 얻기 위해서는 행간에 숨은 뜻을 읽어야 한다. 그러나 나는 여러분에게 행간에 글을 써넣으며 읽도록 권하고 싶다. 이렇게 하면 아마 가장 효과적인 독서를 하게 될 것이다. 책을 소유하는 데는 두 가지 방법이 있다. 첫째 옷이나 가구처럼 값을 지불하여 얻는 소유권이다. 그러나 완전한 소유는 책을 자신의 일부로 하였을 때만 성취된다. 그리고 당신 자신을 책의 일부로 하는 가장 좋은 방법은 책 속에 글을 적어 넣음으로써 이루어진다.   — 모티어 애들러

나는 뜻밖에 얻어지는 1분의 시간을 헛되이 보내지 않도록 언제나 작은 책을 주머니에 넣고 다니는 것을 잊지 않는다.   — 위릴엄 글래드스턴

책에 나온 내용을 다 믿는 것은 책이 없는 것만 못하다.   — 맹자

책을 백 번 읽으면 그 뜻이 절로 드러난다.   - 배송지(裴松之)

그 책에 들어가지 못하면 옛사람의 마음 씀씀이를 알 수 없고, 그 책에서 빠져나오지 못하면 그 글 밑에 깔려 죽는다. 들고 나는 것을 아는 것이야말로 제대로 된 독서법이다.   - 진선(陳善)

독서는 음식을 먹는 것과 같다. 조용히 잘게 씹으면 그 맛이 오래가지만 시끄럽게 마구 씹어 삼키면 끝까지 맛을 모른다.   - 주희(朱熹)

공부하는 사람은 의문을 품지 않는 것을 걱정해야 한다. 의문을 품으면 진보한다.   - 육구연(陸九淵)

많이 읽어라. 그러나 많은 책을 읽지는 마라.   - 벤자민 프랭클린

독서삼도(讀書三到) : 책을 읽는 요령은 눈으로 보고(眼到) 입으로 소리내어 읽고(口到) 마음에서 얻는 것(心到)이다. 이 중에서 제일 중요한 것은 심도이다.   - 주자

나는 독서하는 방법을 배우기 위해서 80년이라는 세월을 바쳤는데도 아직까지 그것을 잘 배웠다고 말할 수 없다.   - 요한 볼프강 폰 괴테

독서 환경

마음속의 아름다움이란 그대의 지갑에서 황금을 끄집어내는 것보다는 그대의 서재에 책을 채우는 일이다.   - 존 릴리

책을 산다는 것은 좋은 일이다. 이를 동시에 읽을 수 있는 시간까지 살 수 있다면 말이다.   - 아르투르 쇼펜하우어

내가 이 도서관에 들어오면 내가 왜 여기서 나가는지 이해할 수가 없다.   - 마리 드 세비네

독서하고 싶은 마음이 있으면 어디에서나 독서할 수 있다. 독서의 즐거움을 안다면 학교가 되었건 학교 밖이 되었건 어디서나 언제든 독서하게 된다. 세상에 학교가 없어도 독서할 줄 안다. — 임어당(林語堂)

새는 곳을 막으려면 맑은 날 하듯 독서는 젊어서 하라. — 잠언

이걸 읽으면서 저걸 탐내지 말라. 이걸 끝내지 못하고서 저걸 들지 말라. — 잠언

생활 속에 책이 없다는 것은 햇빛이 없는 것과 같으며, 지혜 속에 책이 없다는 것은 새에 날개가 없는 것과 같다. — 셰익스피어(Shakespeare)

책 없는 방은 영혼 없는 육체와도 같다. — 키케로

자신의 책이 없다는 것은 가난의 심연과 같다. 거기서 벗어나라. — 존 러스킨

진정으로 책을 읽고 싶다면, 사막에서나 사람의 왕래가 잦은 거리에서도 읽을 수 있고 나무꾼이나 목동이 되어서도 얼마든지 읽을 수 있다. 책을 읽을 뜻이 없다면 아무리 조용한 시골집이나 신선이 사는 섬이라 해도 독서하기에 적당치 않을 것이다. — 증국번

책읽기에 가장 좋은 곳으로 세 가지 장소가 있다. 침상, 말안장, 그리고 화장실이다. 책을 읽고자 하는 뜻이 진실하다면 그 장소야 무슨 문제이겠는가. — 구양수

동기부여

내가 책 위에 쓰러지는 것은 굶주린 사람이 빵 위로 쓰러지는 것과 같다. — 고리키(Gor'kii)

세계는 얼마나 좁으며, 네모난 책은 얼마나 넓은가! — 이지(李贄)

한권의 책을 읽음으로써 자신의 삶에서 새 시대를 본 사람이 너무나 많다. — 헨리 데이비드 소로우

긴 하루 끝에 좋은 책이 기다리고 있다는 생각만으로 그 날은 더 행복해진다.
― 캐슬린 노리스

어려서는 배와 밤 따위를 좋아하지만 커서는 모름지기 다섯 수레의 책을 읽어야 한다.
― 왕안석(王安石)

외부의 사물 맛은 오래되면 싫증 나지만, 독서의 맛은 시간이 갈수록 깊어진다.
― 정이(程?)

책이 많다는 것은 바닷속으로 들어가는 것과 같다. 만물이 거기 다 있다.
― 소동파(蘇東坡)

세상에서 가장 귀한 것도 '지금'이고 가장 잃기 쉬운 것도 '지금'이다.
― 이대소(李大釗)

공부의 적은 자기만족이다. 진지한 공부는 반드시 불만족에서 시작되어야 한다.
― 모택동(毛澤東)

읽고 정리하기

사람이 사람다운 것은 뱃속에 시서(詩書)가 들어 있기 때문이다. ― 한유(韓愈)

만 권의 책을 독파하면 귀신처럼 붓을 놀릴 수 있다. ― 두보(杜甫)

좋은 책을 읽는 것은 수많은 고상한 사람과 대화를 나누는 것과 같다.
― 괴테(Goethe)

독서가 실제와 결합하지 못하면 지식은 하늘에 뜬 구름에 지나지 않는다.
― 중국 속담

우리가 좋은 책을 처음 읽을 때 좋은 친구를 찾은 것과 같으며, 그 책을 다시 읽을 때는 옛 친구를 다시 만나는 것과 같다. ― 볼테르(Voltaire)

읽는 것만큼 쓰는 것을 통해서도 많이 배운다.
― 액톤 경

독서는 정신적으로 충실한 사람을 만든다. 사색은 사려 깊은 사람을 만든다. 그리고 논술은 확실한 사람을 만든다.
― 벤자민 프랭클린

같은 책을 읽은 다른 사람들과 어울릴 때, 책읽기의 기쁨은 두 배가 된다.
― 캐서린 맨스필드

책은 꼭 많이 읽을 필요는 없다. 중요한 것은 읽은 책의 요점을 파악하는 것이다.
― 정이

독서한 내용을 모두 잊지 않으려고 생각하는 것은 먹은 음식을 모두 체내에 간직하려는 것이나 다름없는 일이다.
― 아르투르 쇼펜하우어